"수십만 독자를 가진 천재멘토 김열방과 천재작가들의 놀라운 스토리와 깨달음"

내 인생을 바꾼 성령님

김열방 김사라 정연주 서문규 이지혜 지음

성령님이 아니었다면 내 인생이 어떻게 되었을까?

죄와 목마름과 병과 가난과 어리석음과 징계와 죽음 가운데 있던
내게 성령님이 찾아오셔서 의와 성령 충만과 건강과 부요와 지혜와
평화와 생명을 주셨다. 성령님 때문에 내 인생이 바뀌었다.
성령님은 내 곁에서 항상 나를 도우셨다. 하루는 그분이 말씀하셨다.
"내가 네게 맡긴 일에 대해 불평하지 말고 감사하는 마음으로 하라.
불평하면 네가 가진 것을 다 잃는다. 감사하면 백배를 받는다."
성령님이 가장 싫어하는 것은 불평이다. 하루 종일 이렇게 말한다.
"성령님, 감사합니다. 억만 번이나 감사합니다."

날개미디어

[머리말]

성령님의 음성이 내 인생을 바꾸었다

당신은 성령님의 음성을 들은 경험이 있습니까?

나는 성령님의 음성을 들었고 그것이 내 인생을 바꾸었습니다.

나는 모태 신앙으로 교회를 다녔습니다. 성령님을 만나야 한다는 간절함과 사모함이 있었지만 아무리 노력해도 내 힘으로는 되지 않았습니다. 그러던 어느 날 도서관에서 공부하고 집으로 돌아오는 길에 성령님을 만났습니다. 버스에서 내려 길을 걷는 내게 갑자기 성령님이 찾아와 만나 주신 것입니다. 나는 흐느껴 울며 교회로 들어갔고 마룻바닥에 엎드려 하염없이 울었습니다.

그 순간 놀랍게도 내 혀가 말려 들어가며 아름다운 방언이 흘러나오기 시작했습니다. 한참 동안 기도하다가 그 자리에서 잠들었습니다. 다음날 새벽에 일어나니 세미한 음성이 들렸습니다.

'내 사랑하는 아들아, 내가 너를 사랑한다. 기뻐한다.'

그렇게 성령님을 만난 후로 내 인생은 급격히 바뀌었습니다.

내게 임하신 성령님 때문에 나는 너무 좋아서 다윗 왕처럼 기뻐 뛰며 춤을 추었습니다. 부흥회에서는 군중들이 보든 말든 하나님 앞에서 폴짝폴짝 뛰며 춤추었고 교회에서는 혼자 있을 때 온 예배당을 폴짝폴짝 뛰며 춤추었고 집에서는 안방에 들어가 20명이나 되는 주일학교 아이들과 손잡고 함께 뛰며 춤추었고 혼자 있을 때도 폴짝폴짝 뛰며 두 팔을 흔들며 춤추었습니다.

성령님은 나의 슬픔이 변하여 기쁨이 되게 하셨고 재가 변하여 화관이 되게 하셨고 매일 기뻐 폴짝폴짝 뛰며 춤추게 하셨습니다.

다윗은 왕인데도 춤추었습니다. "여호와의 언약궤가 다윗 성으로 들어올 때에 사울의 딸 미갈이 창으로 내다보다가 다윗 왕이 춤추며 뛰노는 것을 보고 그 마음에 업신여겼더라."(대상 15:29)

하나님은 당신이 매일 감사하고 기뻐하고 춤추길 원하십니다.

성령님이 좋아서 그분과 함께 춤추면 매일 기적이 일어납니다.

어떤 기적일까요? 강력한 성령의 나타남을 주십니다.

그런 내게 성령님은 '큰 지혜와 큰 믿음'을 주셨습니다. 성령님과 함께 완전 몰입해서 성경을 한 번 통독했는데 내 머릿속에 다 기억되었습니다. 또한 믿음의 은사를 주셔서 내가 생각하고 말한 것이 다 이루어지게 하셨습니다. 그분은 아침에 눈뜰 때부터 저녁에 잠잘 때까지 항상 나와 함께 계시며 나를 실제로 도우셨습니다. 나는 매일 초자연적인 성령의 힘에 이끌려 살았습니다.

나는 성령님을 내 인생의 주인님으로 모시고 존중했습니다.

나는 사람의 말을 듣지 않았고 성령님의 음성을 들었습니다.

무엇이든지 성령님께 물으면 그분은 내게 세미한 음성으로 대답하셨습니다. 나는 그 음성을 소중히 여기고 종이에 적었습니다.

그리고 그 음성을 믿고 순종하고 실천했습니다. 수많은 환난과 시련이 왔지만 나는 흔들리지 않고 그 음성을 붙들었습니다.

나는 결혼 문제, 자녀 문제, 목회 문제, 사업 문제 등 모든 것에 성령님의 도움을 구했고 그분의 음성을 들었습니다. 성령님은 내 곁에서 친구처럼, 애인처럼, 선생님처럼 나를 도우셨습니다.

"성령님, 이 문제를 어떻게 할까요?"라고 구체적으로 성령님께 물으면 그분은 내게 똑똑히 알아듣도록 말씀하셨습니다.

다윗은 여호와의 신이신 성령님께 물었습니다.

첫째, 다윗은 가족과 함께 움직일 때 성령님께 물었습니다.

"그 후에 다윗이 여호와께 여쭈어 아뢰되 '내가 유다 한 성읍으로 올라가리이까?' 여호와께서 이르시되 '올라가라' 다윗이 아뢰되 '어디로 가리이까?' 이르시되 '헤브론으로 갈지니라' 다윗이 그의 두 아내 이스르엘 여인 아히노암과 갈멜 사람 나발의 아내였던 아비가일을 데리고 그리로 올라갈 때에 또 자기와 함께 한 추종자들과 그들의 가족들을 다윗이 다 데리고 올라가서 헤브론 각 성읍에 살게 하니라."(삼하 2:1)

둘째, 다윗은 성령님께 묻고 음성을 들은 후에 싸웠습니다.

"다윗이 여호와께 여쭈어 이르되 '내가 블레셋 사람에게로 올라가리이까? 여호와께서 그들을 내 손에 넘기시겠나이까?' 하니 여호와께서 다윗에게 말씀하시되 '올라가라, 내가 반드시 블레셋

사람을 네 손에 넘기리라' 하신지라."(삼하 5:19)

셋째, 다윗은 성령님이 자신보다 앞서 나아가서 적군을 치는 것을 지켜봤습니다. 성령님은 막연한 분이 아니라 실제로 임하여 싸우시는 강하고 능한 여호와요 전쟁에 능한 여호와이십니다. "다윗이 여호와께 여쭈니 이르시되 '올라가지 말고 그들 뒤로 돌아서 뽕나무 수풀 맞은편에서 그들을 기습하되 뽕나무 꼭대기에서 걸음 걷는 소리가 들리거든 곧 공격하라. 그 때에 여호와가 너보다 앞서 나아가서 블레셋 군대를 치리라' 하신지라."(삼하 5:23~24)

나도 지금까지 성령님의 음성을 듣고 모든 일을 했습니다.

성령님의 음성을 들으면 수십 년의 고민이 한방에 해결됩니다.

중학교 때 전교 꼴찌였던 내가 "너에게 지혜가 임했다. 너는 바보가 아닌 천재다"라는 성령님의 음성을 듣고 천재적인 지혜를 나타내며 원하는 공부를 다 하고 수많은 책을 쓰게 되었습니다. 말더듬이였던 내가 성령님의 음성을 듣고 순종하므로 입만 열면 또박또박 60분, 90분, 120분 동안 쉽게 설교하게 되었습니다.

빈손이던 내가 성령님의 음성을 듣고 순종하므로 여호와를 경외하는 현숙한 여인과 결혼해서 행복한 가정을 이루었고 아들 둘, 딸 둘 낳아 믿음으로 잘 키웠습니다. 보증금 300만 원에 월세 30만 원을 내며 지하에서 살던 내가 성령님의 음성을 듣고 순종하므로 60평 아파트를 사게 되었습니다. 수천만 원의 빚을 졌던 내가 성령님의 음성을 듣고 순종하므로 출판 사업을 시작해 억대 수입을 올렸고 그 빚을 다 갚게 되었습니다. 중고차 티코를 몰던 내가 성령님의 음성을 듣고 순종하므로 메르세데스 벤츠 두 대를 사게 되었습니다. 이것은 하나님이 내게 주신 복의 100분의 1밖에 안 됩니다. 하나님은 상상할 수 없는 많은 복을 주셨습니다.

내 꿈과 소원들이 다 이루어졌습니다. 나는 거룩하고 지혜롭고 날씬하고 건강하고 부요해졌습니다. 하지만 지금도 나는 주인님이신 성령님의 음성을 가장 큰 재산으로 여깁니다. 이 책의 제목도 성령님이 정해 주신 것입니다. "성령님, 어떤 제목을 할까요?" 라고 물었을 때 '내 인생을 바꾼 성령님'이라고 하셨습니다.

이제 이 책을 읽으면 당신의 인생이 바뀔 것입니다.

성령님의 음성 듣기를 사모하십시오.

천재멘토 김열방

[목차]

내 인생을 바꾼 성령님. 제 1 부 – 김 열 방

내 인생을 바꾼 성령님의 음성

내 인생을 바꾼 성령님. 제 2 부 - 김 사 라

행복한 결혼 생활로 인도하신 성령님

내 인생을 바꾼 성령님. 제 3 부 – 서 문 규

인생 문제를 다 해결해 주신 성령님

내 인생을 바꾼 성령님. 제 4 부 - 정 연 주

천재적인 지혜를 주신 성령님

내 인생을 바꾼 성령님. 제 5 부 - 이 지 혜

압록강을 건너고 춤추게 하신 성령님

내 인생을 바꾼 성령님. 제 1 부 - 김열방

내 인생을 바꾼 성령님의 음성

당신은 항상 투덜거리며 불평하지 않습니까?

내가 그랬습니다. 입만 열면 투덜거리는 사람이었습니다.

"내가 봉인가? 왜 내게만 자꾸 일을 맡기시는 거야?"

그런 내가 하나님의 음성을 듣고 바뀌었습니다. 하나님의 세미한 음성을 듣고 깨달음을 얻으면 100년을 더 산 것 같습니다.

하나님은 내게 제발 불평하지 말라고 말씀하셨습니다.

"내 사랑하는 아들아, 내가 어떤 일을 맡기면 제발 불평하지 말고 억만 번이나 감사하라. 감사하고 기뻐하고 춤추며 일하라. 네게 맡긴 일에 대해 불평하면 다 빼앗고 감사하면 백배를 주겠다."

불평을 그치고 감사하게 하신 성령님

당신도 하나님이 주시면 그걸 놓고 불평하지 않습니까?

하나님이 시킨 일을 할 때 불평하지 말고 기뻐하고 감사하십시오. 하나님은 아무에게나 일을 시키지 않습니다. 그것을 감당할 수 있는 능력이 있는 사람에게 일을 시키십니다. 하나님이 보실 때 당신이 그 일을 가장 잘 할 수 있다고 판단하셨기 때문에 그 일을 당신에게 반복해서 시키시는 것입니다.

당신이 가장 잘 순종하기 때문에 시키시는 것입니다. 한 번 시켰는데 순종하지 않으면 다시는 안 시킵니다. 기왕 일할 바에는 기뻐하고 감사하며 해야 합니다. 그래야 좋은 관계가 지속됩니다.

나는 예전에 하나님이 시킨 일을 하면서 늘 불평했습니다.

"하나님, 저를 크게 사용해 주세요"라고 기도했고 하나님도 "내가 너를 크게 쓰리라"고 말씀하셨습니다. 내 기도가 실제로 응답되어 하나님이 막상 일을 시키시면 나는 그 일을 하면서 계속 투덜대며 불평했습니다. 그것도 한두 번이 아닌 매일 불평했습니다.

힘들다고, 멀다고, 돈이 든다고, 생소하다고 불평했습니다.

"하나님, 제가 봉입니까? 왜 자꾸 저에게만 이 일을 시키십니까? 다른 사람에게 시키시지요. 저도 마음 편하게 예배하고 싶습니다. 왜 저에게만 설교를 시키십니까? 저도 돈을 받으며 편하게 생활하고 싶습니다. 왜 제가 돈을 벌어 계속 돈을 줘야 합니까?"

그러자 하나님은 내게 이런 말씀을 하셨습니다.

"너는 왜 그렇게 불평이 많니? 나에게 크게 사용해 달라고 기도할 때가 어제 같았고 그 기도에 응답해서 내가 너를 크게 쓰고 있는데 왜 너는 불평하니? 내가 네게 똑같은 일을 백 번 시키든, 천 번 시키든 기뻐하고 감사하는 마음으로 그 일을 하면 안 되겠니? 나는 너를 택했고 너에게 은사를 주었다. 내가 볼 때 내 일을 맡기기에 가장 적합한 사람은 바로 너다. 네가 가장 설교를 잘하고 책도 잘 쓰고 돈 문제도 잘 해결한다. 억만 번이나 감사하라."

"제가 하고 싶을 때 몇 번 하는 것은 재미있고 괜찮지만 매번 설교하는 것은 힘들게 느껴집니다. 때로는 하나님의 말씀을 전하는 것이 제 마음에 큰 짐이 되고 엄청난 부담과 괴로움으로 다가옵니다. 책을 쓰는 것도 그렇고 돈 문제를 해결하는 것도 그렇고 상담하는 것도 그렇고 집안 청소와 설거지하는 것도 그렇습니다."

"생각을 바꿔라. 억만 번이나 감사하는 마음으로 일하라. 머리는 억만 번이나 생각하고 눈은 억만 번이나 보고 코는 억만 번이나 숨 쉬고 귀는 억만 번이나 듣고 입은 억만 번이나 말한다. 손은 억만 번이나 일하고 발은 억만 번이나 걷는다. 심장은 억만 번이나 뛴다. 네 손가락이 자판을 치며 책을 쓰는 것을 기뻐하지 않으면 네 발가락이 자판을 두드려야 한다. 팔이 없이 발가락으로 자판을 두드리는 사람을 본 적이 있지? 그게 보기 좋으냐? 네 발이 걷는 것을 기뻐하지 않으면 네 손이 걸어야 한다. 발이 없어 고무를 끼우고 손으로 기는 사람을 본 적이 있지? 그게 보기 좋으냐? 코가 숨 쉬는 것을 기뻐하지 않으면 산소호흡기를 다른 곳에 꽂아야 한다. 눈이 보는 것을 기뻐하지 않으면 장애인 지팡이로 더듬거리며 봐야 한다. 몸의 각 지체는 똑같은 일을 억만 번이나 한다. 그것을 당연하게 여긴다. 너도 내가 시킨 일에 대해 지겹다, 힘들다, 괴롭다는 생각을 버리고 항상 기뻐하라. 머리가 생각하는 것을 지겨워하고 눈이 보는 것을 지겨워하고 코가 숨 쉬는 것을 지겨워하고 입이 말하는 것을 지겨워하고 귀가 듣는 것을 지겨워하고 손이 일하는 것을 지겨워하고 발이 걷는 것을 지겨워하고 심장이 뛰는 것을 지겨워한다면 어떻게 되겠느냐? 각 지체가 하는 일들은 지겨워해야 하는 것이 아니라 기뻐해야 하는 것이다. 머리는 생각을 잘 할 때 기뻐하고 눈은 보는 것을 잘할 때 기뻐하고 코는 숨 쉬는 것을 잘할 때 기뻐하고 입은 말하는 것을 잘할 때 기뻐해야 한다. 손은 일하는 것을 잘할 때 기뻐하고 발은 걷는 것을 잘할 때 기뻐해야 한다. 위장은 소화를 잘 시킬 때 기뻐하고 성기는 소변을 잘 볼 때 기뻐하고 항문은 똥을 잘 눌 때 기뻐해야 한다. 너는 억만 번이나 감사하고 억만 번이나 기뻐하라. 항상 기뻐하라. 범사에 감사하라. 쉬지 말고 기도하라. 이것이 그리스도 예수 안에서 너를 향한 하나님의 뜻이다."

항상 불평하던 내가 바뀌었습니다. 하나님이 말씀하십니다.

"항상 기뻐하라. 쉬지 말고 기도하라. 범사에 감사하라. 이것이 그리스도 예수 안에서 너희를 향하신 하나님의 뜻이니라. 성령을 소멸하지 말며 예언을 멸시하지 말고 범사에 헤아려 좋은 것을 취하고 악은 어떤 모양이라도 버리라."(살전 5:16~22)

항상 기뻐하십시오. 쉬지 말고 그분과 대화하십시오. 모든 일에 감사하십시오. 이것이 당신을 향한 하나님의 뜻입니다. 성령님이 뭔가를 맡기시면 불평하므로 소멸시키지 말고 기쁘게 일하십시오. 예언대로 다 이루어진다는 사실을 믿으십시오. 당신이 지금 하고 있는 일도 예전에 예언했던 것들입니다. 어떤 일에 부딪히든지 헤아려 좋은 것을 취하십시오. 악은 모양이라도 따라 하지 말고 버리십시오. 억만 번이나 기뻐하며 일하십시오.

부자 아빠 하나님을 알게 하신 성령님

당신은 어떤 아빠가 있습니까?

내게는 부자 아빠 하나님이 있습니다. 그분은 하나님의 자녀인 나로 하여금 모든 것에 모든 것이 넉넉하여 모든 착한 일을 넘치게 하게 하시는 우주의 재벌 총수이십니다. 나는 그런 회장님의 아들입니다. 나는 하나님의 자녀이기 때문에 대단한 존재입니다.

나는 원래 빈손이었는데 하나님께 구해서 다 받았습니다.

공부도 전교에서 꼴찌였는데 하나님께 지혜를 구해서 받았고 책을 700권이나 쓰게 되었습니다. 결혼할 때 부모님께 받은 돈 1000만 원을 다 헌금해서 빈손이었는데 하나님께 구해서 재물 얻을 능력을 받아 출판사를 두 개 차렸고 내가 번 돈으로 넓은 집과 벤츠를 샀습니다. 아내도 자녀도 다 원래 없었는데 하나님께 구해서 받았습니다. 은사도 없었는데 하나님께 구해서 21가지를 다 받았습니다. 말더듬이에 아둔한 자였는데 하나님께 구해서 능력을 받아 원고도 없이 전국과 세계를 다니며 강연하게 되었습니다.

부모는 자녀에게 심부름을 시킬 때 필요한 돈을 줍니다.

"이 돈으로 콩나물과 무와 파를 좀 사 오렴."

하나님도 당신에게 크고 작은 일을 맡길 때 필요한 지혜와 능력과 돈을 주십니다. 모든 것을 다 공급해 주십니다. 그러므로 하나님께서 당신에게 뭔가 중대한 일을 하라고 시켰다면 거기에 필요한 모든 것을 이미 다 주셨고 또 억만 번이나 넘치게 공급해 주신다는 사실을 믿어야 합니다. 그때마다 주시는 경우도 있고 1년 치, 10년 치, 100년 치를 단번에 주시는 경우도 있습니다.

"하나님이 능히 모든 은혜를 너희에게 넘치게 하시나니 이는 너희로 모든 일에 항상 모든 것이 넉넉하여 모든 착한 일을 넘치게 하게 하려 하심이라."(고후 9:8)

어떤 것은 기도하고 구한 후에 받았다고 믿고 오랫동안 기다려야 하는 것이 있습니다. 예를 들어, 무화과 열매를 사서 먹어야 할 때가 있는가 하면 무화과나무를 심어서 그 열매를 따 먹어야 할 때도 있습니다. 주인이신 하나님이 결정합니다. 그분이 무화과 열매를 사서 먹으라고 하시면 시장에 가서 사 먹으면 됩니다. 하지만 그분이 무화과나무를 심으라고 하시면 나무를 심어 놓고 열매가 맺을 때까지 오랫동안 기다려야 합니다. 이게 문제입니다.

수많은 사람들이 기다리는 것을 못한다는 것입니다. '10년만 기다려 보고 안 되면 움직여야지. 나는 그 이상은 절대로 못 기다려.' 그렇게 생각했던 아브라함이 하갈과 동침해서 이스마엘을 낳았습니다. 사라의 자아가 격동하여 그로 동침케 했던 것입니다.

하나님의 음성을 들었으면 10년이 아닌 100년, 200년, 300년이라도 기다려야 합니다. 에녹은 65세에 아들을 낳고 300년간 하나님만 바라보며 살았습니다. 이것이 진짜 믿음입니다.

나름대로 날고뛴다는 사람들이 나와 함께 큰일을 하겠다고 내 곁에 왔다가 어느 날 아침 안개처럼 흔적도 없이 조용히 사라지곤 합니다. 왜 그럴까요? 한계가 왔다고 생각하기 때문입니다.

내게는 한계가 없습니다. 나는 돈 명예 권세 건물 학벌 숫자 사람을 바라보지 않고 하나님만 바라보기 때문입니다. 월세 30만 원을 내며 지하에 살 때부터 백 배 이상 부요하게 된 지금까지 나는 변함없이 하나님만 바라보며 그분을 경외합니다. 잠언에 무화과나무를 지키는 자가 그 열매를 먹는다고 했습니다. 나는 무화과나무를 심고 그것이 자라 열매를 따먹게 될 때까지 지킵니다.

"무화과나무를 지키는 자는 그 과실을 먹고 자기 주인에게 시중드는 자는 영화를 얻느니라."(잠 27:18)

나는 그들을 안타깝게 여기며 이런 생각을 했습니다.

'왜 다들 떠나가지. 조금만 더 기다리면 열매를 먹을 텐데. 나는 10년, 20년이 지나도 변함없이 무화과나무를 지키고 있잖아.'

그런데 주님께서 내게 놀라운 말씀을 하셨습니다.

'내가 너를 있게 했다. 네가 무화과나무를 지키는 것은 내가 너를 붙들고 있기 때문이다. 네 힘이 아니라 내 힘으로 네가 무화과나무를 지키고 있는 것이다. 앞으로도 내가 너를 붙들겠다.'

그렇습니다. 내 힘이 아니었습니다. 하나님의 은혜였습니다.

"내가 누워 자고 깨었으니 여호와께서 나를 붙드심이로다. 천만인이 나를 에워싸 진 친다 하여도 나는 두려워하지 아니하리이다"(시 3:5~6)라는 다윗의 고백이 피부에 와 닿았습니다.

내가 눕고 자고 깨는 모든 것을 주님께서 붙들고 계셨습니다. 주님께서 붙들지 않으시면 누울 수 없습니다. 주님께서 붙들지 않으시면 잘 수 없습니다. 주님께서 붙들지 않으시면 깰 수 없습니다. 수십만 명이 나를 반항한다 할지라도 주님이 나를 붙들고 계시기 때문에 내가 두려워하지 않을 수 있었습니다.

하나님이 나를 붙드시는데 하나의 조건이 있습니다. 혈통과 육정과 사람의 얼굴을 바라보지 말고 오직 하나님의 얼굴만 바라보라는 것입니다. 혈통과 육정과 사람의 뜻을 따르지 말고 오직 하나님의 뜻만 따르라는 것입니다. 혈통과 육정과 사람의 말을 듣지 말고 오직 하나님의 음성만 들으라는 것입니다.

다윗은 하나님의 얼굴만 바라보겠다고 결심했습니다.

"내가 항상 내 앞에 계신 주를 뵈었음이여, 나로 요동하지 않게 하기 위하여 그가 내 우편에 계시도다."(행 2:25)

당신도 3년이나 30년, 300년 동안이 아닌 영원히 하나님의 얼굴을 바라보십시오. 그러면 영원히 흔들리지 않을 것입니다.

"내 평생에 선하심과 인자하심이 반드시 나를 따르리니 내가 여호와의 집에 영원히 살리로다."(시 23:6)

하나님의 얼굴이 전부입니다.

부자 아빠 하나님은 어떤 것이 많을까?

부자 아빠 하나님은 구체적으로 어떤 것이 많을까요?

그분은 일곱 가지가 아주 많은 대단한 분이십니다.

첫째, 부자 아빠 하나님은 은혜가 많은 분입니다.

둘째, 부자 아빠 하나님은 사랑이 많은 분입니다.

셋째, 부자 아빠 하나님은 친절이 많은 분입니다.

넷째, 부자 아빠 하나님은 자비가 많은 분입니다.

다섯째, 부자 아빠 하나님은 용서가 많은 분입니다.

여섯째, 부자 아빠 하나님은 능력이 많은 분입니다.

일곱째, 부자 아빠 하나님은 지혜가 많은 분입니다.

이런 좋은 아빠가 있어 내 마음은 항상 든든합니다.

하나씩 살펴보면 엄청난 깨달음과 유익을 얻게 됩니다.

하나님 아빠는 한 가지 곧 예수 믿고 구원 받아 천국만 가게 하시는 것이 아닌 이 땅에서의 삶의 모든 영역에 있어 모든 은혜를 넘치게 하시는 분입니다. "하나님이 능히 모든 은혜를 너희에게 넘치게 하시나니 이는 너희로 모든 일에 항상 모든 것이 넉넉하여 모든 착한 일을 넘치게 하게 하려 하심이라."(고후 9:8)

예수님은 생명을 얻게 하되 넘치게 얻게 하기 위해 오셨습니다. 그러므로 당신은 모든 은혜 곧 '풍성한 은혜'를 받아 누려야 합니다. 부자 아빠 하나님은 그 은혜의 풍성함을 따라 당신을 돌보시는 온 우주에서 가장 선하고 좋은 목자입니다.

부자 아빠 하나님은 은혜가 많은 분이다

부자 아빠 하나님은 은혜가 많은 분입니다.

어느 정도로 많으실까요? 억만 번이나 은혜가 많으십니다.

은혜란 '거저 주다'는 뜻입니다. 부자 아빠 하나님은 예수 그리스도를 구주로 믿는 당신에게 의와 성령 충만과 건강과 부요와 지혜와 평화와 영생을 거저 주셨습니다. 이 모든 것은 사람이 율법을 지키므로 말미암아, 또는 착한 일을 많이 하고 고행을 하고 도를 닦음으로 얻을 수 있는 것이 아닙니다. 어떤 좋은 프로그램과 훈련으로도 얻을 수 없습니다. 율법의 행위로는 의롭다 함을 얻을 육체가 한 명도 없기 때문에 하나님께서 한 의를 예비하셨는데 예수 그리스도를 믿음으로 말미암아 거저 얻게 되는 의입니다.

에베소서 1장 6절에 "이는 그가 사랑하시는 자 안에서 우리에게 '거저 주시는 바' 그의 은혜의 영광을 찬송하게 하려는 것이라"라고 했습니다. 죄 사함은 예수님이 십자가에서 피 흘리며 값을 지불했고 우리는 믿음으로 말미암아 거저 받은 것입니다.

고린도후서 4장 7절에도 "우리가 이 보배를 질그릇에 가졌으니 이는 심히 큰 능력은 하나님께 있고 우리에게 있지 아니함을 알게 하려 함이라"고 했습니다. "우리에게 있지 않다"는 것은 '우리의 행위에 있지 않다'는 뜻입니다. 우리가 피와 땀과 눈물을 많이 흘리며 대가를 지불했다고 심히 큰 능력을 받는 것이 결코 아니라는 말입니다. "하나님게 있다"는 것은 '하나님의 은혜에 있다'는 뜻입니다. 예수 그리스도를 내 마음에 모시고 그분의 능력을 나타내는 것은 모두 하나님께 거저 받은 은혜인 것입니다.

그러므로 예수 이름을 믿음으로 죄 사함을 받고 구원 받는 것,

예수 이름으로 안수하므로 병을 고치고 귀신을 쫓는 것은 거저 받았기 때문에 거저 주어야 합니다. 이것은 돈을 받으면 안 됩니다.

"병든 자를 고치며 죽은 자를 살리며 나병환자를 깨끗하게 하며 귀신을 쫓아내되 너희가 거저 받았으니 거저 주라."(마 10:8)

돈만 안 받으면 될까요? 아닙니다. 자기 행위 곧 자신의 피와 땀과 눈물로 값을 지불하려고 노력해도 안 됩니다. 그것은 하나님의 아들을 다시 십자가에 못 박고 하나님의 은혜를 짓밟고 십자가에서 다 이룬 예수 그리스도의 원수로 행하는 것입니다.

부자 아빠 하나님은 사랑이 많은 분이다

부자 아빠 하나님은 사랑이 많은 분입니다.

어느 정도로 많으실까요? 억만 번이나 사랑이 많으십니다.

하나님은 당신을 사랑하시되 한없이 사랑하십니다. 한결같이 사랑하십니다. 무궁한 사랑으로 사랑하십니다. 독생자를 아낌없이 내어 줄 정도로 사랑하십니다. 마음을 다하고 목숨을 다하고 힘을 다하고 뜻을 다해 사랑하십니다. 그분은 당신에게 푹 빠져 있습니다. 당신이 부자 아빠 하나님의 그 큰 사랑을 받았기 때문에 당신도 하나님을 사랑하고 또한 다른 사람을 사랑해야 합니다.

그것도 한번이나 두 번만 아닌 억만 번이나 사랑해야 합니다.

"이러므로 내가 네게 말하노니 그의 많은 죄가 사하여졌도다. 이는 그의 사랑함이 많음이라. 사함을 받은 일이 적은 자는 적게

사랑하느니라."(눅 7:47)

나는 죄인 중에 괴수였고 억만 가지 더러운 죄를 모두 사함 받았기 때문에 내 죄를 사하신 하나님을 억만 번이나 사랑합니다.

그리고 나의 부모 자녀 아내 친척 친구들도 많이 사랑합니다.

내게는 미움의 감정이 없습니다. 사랑의 감정만 있습니다. 내 안에서 사랑의 감정이 빅토리아 폭포처럼 흐르고 있습니다. 세계에서 가장 아름다운 폭포인 빅토리아 폭포는 1분에 5억 리터의 물이 쏟아집니다. 이러한 사랑이 내 가슴에서 쏟아지고 있습니다. 이것은 내 사랑이 아니라 하나님의 사랑입니다. 내 안에 계신 하나님이 사랑이기 때문입니다. 하나님은 사랑이시라고 했습니다.

"하나님이 우리를 사랑하시는 사랑을 우리가 알고 믿었노니 하나님은 사랑이시라. 사랑 안에 거하는 자는 하나님 안에 거하고 하나님도 그의 안에 거하시느니라."(요일 4:16)

그래서 나는 아내와 아이들을 꼭 껴안고 이렇게 말합니다.

"사랑해. 많이 사랑해. 억만 번이나 사랑해."

이 사랑은 원수까지도 사랑할 정도로 넘치는 사랑입니다.

"원수를 갚지 말며 동포를 원망하지 말며 네 이웃 사랑하기를 네 자신과 같이 사랑하라. 나는 여호와이니라."(레 19:18)

부자 아빠 하나님은 친절이 많은 분이다

부자 아빠 하나님은 친절이 많은 분입니다.

어느 정도로 많으실까요? 억만 번이나 친절이 많으십니다.

"서로 친절하게 하며……."(엡 4:32)

하나님은 자신이 하지 않는 일을 사람들에게 하라고 시키지 않으십니다. 그분은 친절하신 분입니다. 그분은 당신에게 무례히 행치 않으십니다. 그분은 지성과 감정과 의지를 가진 인격자입니다. 그분은 인격적으로 당신을 존중하십니다. 그분은 온유하고 겸손한 분입니다. 그분은 사람들에게 친절하게 대하셨습니다.

당신도 하나님께 무례히 행치 말고 친절하기 바랍니다. 주위 사람들에게도 친절하기 바랍니다. 억만 번이나 친절하십시오.

아브라함은 자기에게 찾아온 천사들에 대해 친절했습니다.

"형제 사랑하기를 계속하고 손님 대접하기를 잊지 말라. 이로써 부지중에 천사들을 대접한 이들이 있었느니라."(히 13:1~2)

특히 하나님이 기름 부은 종에 대해 친절하게 대할 때 큰 복을 받습니다. 사도 바울이 큰 풍랑을 만나 멜리데라는 섬에 이르렀을 때 원주민들이 특별한 동정을 했고 아주 친절하게 대했습니다.

"우리가 구조된 후에 안즉 그 섬은 멜리데라 하더라. 비가 오고 날이 차매 원주민들이 우리에게 특별한 동정을 하여 불을 피워 우리를 다 영접하더라. 바울이 나무 한 묶음을 거두어 불에 넣으니 뜨거움으로 말미암아 독사가 나와 그 손을 물고 있는지라. 원주민들이 이 짐승이 그 손에 매달려 있음을 보고 서로 말하되 진실로 이 사람은 살인한 자로다 바다에서는 구조를 받았으나 공의가 그를 살지 못하게 함이로다 하더니 바울이 그 짐승을 불에 떨어버리매 조금도 상함이 없더라. 그들은 그가 붓든지 혹은 갑자기

쓰러져 죽을 줄로 기다렸다가 오래 기다려도 그에게 아무 이상이 없음을 보고 돌이켜 생각하여 말하되 그를 신이라 하더라. 이 섬에서 가장 높은 사람 보블리오라 하는 이가 그 근처에 토지가 있는지라. 그가 우리를 영접하여 사흘이나 친절히 머물게 하더니 보블리오의 부친이 열병과 이질에 걸려 누워 있거늘 바울이 들어가서 기도하고 그에게 안수하여 낫게 하매 이러므로 섬 가운데 다른 병든 사람들이 와서 고침을 받고 후한 예로 우리를 대접하고 떠날 때에 우리 쓸 것을 배에 실었더라."(행 28:1~10)

그 섬에서 가장 높은 사람인 보블리오가 그들을 영접하여 사흘이나 친절히 머물게 했습니다. 그때 보블리오의 부친이 병에 걸려 고통당하고 있었는데 바울의 기도로 구원 받았습니다.

많은 사람들이 남들이 자신에게 제대로 대접해 주지 않았다고 섭섭해 합니다. 자신이 남을 대접 안 한 것은 잘 모릅니다.

예수님은 친절한 마음으로 남을 대접하라고 하셨습니다.

"그러므로 무엇이든지 남에게 대접을 받고자 하는 대로 너희도 남을 대접하라 이것이 율법이요 선지자니라."(마 7:12)

당신이 받고 싶은 대로 억만 번이나 남을 대접하십시오. 무엇보다 마음으로 상대방을 존중하십시오. 친절하게 대하십시오.

사랑은 무례히 행하지 않습니다.(고전 13:5)

부자 아빠 하나님은 자비가 많은 분이다

부자 아빠 하나님은 자비가 많은 분입니다.

어느 정도로 많으실까요? 억만 번이나 자비가 많으십니다.

자비는 '불쌍히 여겨 도와준다'는 의미입니다. 하나님이 먼저 우리에게 큰 자비를 베푸셨기 때문에 우리도 큰 자비를 베풀어야 합니다. 하나님은 우리의 죄를 사하고 병을 고쳐주셨습니다.

"보블리오의 부친이 열병과 이질에 걸려 누워 있거늘 바울이 들어가서 기도하고 그에게 안수하여 낫게 하매 이러므로 섬 가운데 다른 병든 사람들이 와서 고침을 받고 후한 예로 우리를 대접하고 떠날 때에 우리 쓸 것을 배에 실었더라."

하나님이 바울을 통해 큰 자비를 베풀어 보블리오의 부친과 섬 가운데 다른 병든 사람들을 고쳐 주셨습니다. 그에 대한 반응으로 그들이 후한 예로 바울 일행을 대접하고 떠날 때 쓸 것을 배에 실었습니다. 하나님께 큰 자비를 받은 사람은 마땅히 이웃에게 큰 자비를 베풀어야 합니다. 하나님은 자비가 많은 분입니다.

어떤 율법 교사가 자기를 옳게 보이려고 예수님께 물었습니다.

"그러면 내 이웃이 누구입니까?"(눅 10:29~37)

예수님께서 그에게 이런 이야기를 해주셨습니다.

"어떤 사람이 예루살렘에서 여리고로 내려가다가 강도를 만나매 강도들이 그 옷을 벗기고 때려 거의 죽은 것을 버리고 갔다. 마침 한 제사장이 그 길로 내려가다가 그를 보고 피하여 지나가고 또 이와 같이 한 레위인도 그 곳에 이르러 그를 보고 피하여 지나갔다. 그때 어떤 사마리아 사람은 여행하는 중 거기 이르러 그를 보고 불쌍히 여겨 가까이 가서 기름과 포도주를 그 상처에 붓고

싸매고 자기 짐승에 태워 주막으로 데리고 가서 돌보아 주었다. 그 이튿날 그가 주막 주인에게 데나리온 둘을 내어 주며 말했다. '이 사람을 돌보아 주세요. 비용이 더 들면 내가 돌아올 때에 갚겠습니다' 네 생각에는 이 세 사람 중에 누가 강도 만난 자의 이웃이 되겠느냐?"

그러자 그 율법 교사가 대답했습니다.

"자비를 베푼 자입니다."

예수님께서 그에게 이르셨습니다.

"가서 너도 이와 같이 하라."

우리가 자비를 베푼다고 영생을 얻는 것이 아닙니다. 우리가 자비를 베푸는 것은 하나님께 큰 자비를 받았기 때문입니다.

하나님은 우리를 불쌍히 여기고 돌보셨습니다. 강도 같은 마귀를 만나 죄와 허물로 완전히 죽었던 우리를 예수의 피 값으로 살리셨고 성령의 기름을 부으셨습니다. 우리 몸을 성전 삼고 우리 안에 거하시며 필요한 모든 것을 풍성하게 공급하고 계십니다. 이처럼 자비로우신 하나님께 큰 자비를 받았기 때문에 당연히 이웃에게 억만 번이나 자비를 베풀어야 합니다. "여호와께서 그의 앞으로 지나시며 선포하시되 여호와라 여호와라 자비롭고 은혜롭고 노하기를 더디하고 인자와 진실이 많은 하나님이라."(출 34:6)

자비로우신 하나님이 당신 안에 가득히 계십니다.

부자 아빠 하나님은 용서가 많은 분이다

부자 아빠 하나님은 용서가 많은 분입니다.

어느 정도로 많으실까요? 억만 번이나 용서가 많으십니다.

그분이 말씀하십니다. "악인은 그 길을, 불의한 자는 그 생각을 버리고 여호와께로 돌아오라. 그리하면 그가 긍휼히 여기시리라. 우리 하나님께로 나아오라. 그가 널리 용서하시리라."(사 55:7)

그분은 널리 용서하시는 분입니다. 억만 번이나 용서하십니다.

예수님은 일흔 번에 일곱 번이라도 형제를 용서하라고 하셨습니다. 그분은 자신이 하지 않는 일을 시키지 않습니다. 그분이 그렇게 하라고 하신 것은 그분이 먼저 그렇게 하고 계시기 때문입니다. 하루는 베드로가 나아와 예수님께 물었습니다.

"주여, 형제가 내게 죄를 범하면 몇 번이나 용서하여 줄까요? 일곱 번까지 용서할까요?"

예수님께서 대답하셨습니다.

"네게 말한다. 일곱 번 뿐 아니라 일흔 번씩 일곱 번이라도 용서하라."

그리고 재미있는 이야기를 하셨습니다.

"천국은 그 종들과 회계하려 하던 어떤 임금과 같다. 회계할 때에 일만 달란트 빚진 자 하나를 데려오매 갚을 것이 없었다. 주인이 명하여 '그 몸과 처와 자식들과 모든 소유를 다 팔아 갚게 하라'고 했다. 그 종이 엎드려 절하며 말했다. '내게 참으소서. 다 갚겠습니다.' 그 종의 주인이 불쌍히 여겨 놓아 보내며 그 빚을 탕감하여 주었다. 그런데 그 종이 나가서 제게 백 데나리온 빚진 동관 하나를 만나 붙들어 목을 잡고 말했다. '빚을 갚으라.' 그 동관이 엎드리어 간구하여 말했다. '나를 참아 주소서. 갚겠습니다.' 허락하지 아니하고 이에 가서 저가 빚을 갚도록 옥에 가두었다. 그 동관들이 그것을 보고 심히 민망하여 주인에게 가서 그 일을 다 고했다. 이에 주인이 저를 불러다가 말했다. '악한 종아, 네가 빌기에 내가 네 빚을 전부 탕감하여 주었다. 내가 너를 불쌍히 여김과 같이 너도 네 동관을 불쌍히 여김이 마땅치 아니하냐?' 주인이 노하여 그 빚을 다 갚도록 저를 옥졸들에게 붙였다."

그리고 예수님이 용서에 대한 결론을 내리셨습니다.

"너희가 각각 중심으로 형제를 용서하지 아니하면 내 천부께서도 너희에게 이와 같이 하시리라."(마 18:21~35)

용서할 때 마음으로부터 완전히 용서하라는 것입니다.

하나님은 용서가 많으신 분입니다. 당신의 죄를 억만 번이나 용서하셨습니다. 당신은 억만 가지 죄를 용서받았습니다. 일만 달란트는 얼마일까요? 한 달란트가 15억이므로 15조 원이나 됩니다. 개인이 갚을 수 있는 돈이 아닙니다. 그 몸과 처와 자식들과 모든 소유를 다 팔아도 갚을 수 없습니다. 이 큰 용서, 이 많은 용서를 받은 당신이 형제를 용서하는 것은 당연합니다.

형제의 죄와 허물을 억만 번이나 용서하십시오.

부자 아빠 하나님은 능력이 많은 분이다

당신은 능력이 많은 아빠를 두었습니까? 아이들은 말합니다.

"우리 아빠는 능력이 정말 많아. 내가 말만 하면 뭐든지 다 사주셔. 이 멋진 장난감 자동차도 아빠가 사주셨어. 정말 대단해."

하나님께 능력이 많다는 말은 어떤 의미일까요? 천지창조와 죽은 자를 살리고 없는 것을 있는 것처럼 불러내는 것, 바람과 파도를 멈추는 것, 홍해를 가르고 태양을 멈추는 것 등의 기적을 의미합니다. 그리고 일반적으로 능력이란 재물이 많다는 뜻입니다.

"와, 그 옷 예쁘다. 언제 샀니?"

"응, 남편이 이번에 생일 선물로 사줬어."

"와, 네 남편 정말 능력 있다. 대단해."

여자들끼리 카페에 앉으면 이런 식의 대화가 오갑니다.

재물이 많다는 것이 곧 능력이 많다는 말입니다. 하나님은 재물 얻는 능력이 많습니다. 그분은 이스라엘 백성들에게 "내가 너희에게 재물 얻을 능력을 주었다는 것을 잊지 마라"고 하셨습니다. 그분이 당신의 아빠입니다. 부자 아빠 하나님은 재물 얻는 능력이 많은 분입니다. 그분께는 럭셔리한 물건을 만들고 가치를 백배로 증가시키는 능력이 있습니다. 그분께는 재물이 많습니다.

어느 정도로 많을까요? 억만 금이나 될 정도로 많으십니다.

세상에 있는 모든 금과 은이 다 그분의 것입니다.

학개 2장 8절에 "은도 내 것이요 금도 내 것이니라. 만군의 여호와의 말이니라"고 하셨습니다. 금과 은은 더러운 것이 아닙니다. 하나님은 거룩하신 분이므로 더러운 것을 "내 것이다"라고 하지 않습니다. 그분은 금과 은을 좋아하십니다.

성경에 나오는 돈의 단위 중에 '금 한 달란트'가 나옵니다. 금

한 달란트는 34킬로그램이고 3000세겔입니다. 1세겔은 11.4그람입니다. 금 한 달란트는 로마 노동자 6000명의 하루 품삯에 해당됩니다. 2017년 지금 시세로 환산하면 15억 원 정도가 됩니다.

다윗이 머리에 쓴 왕관도 금 한 달란트였습니다.

"다윗이 모든 군사를 모아 랍바로 가서 쳐서 취하고 그 왕의 머리에서 보석 있는 면류관을 취하니 그 중량이 금 한 달란트라. 다윗이 머리에 쓰니라. 다윗이 또 그 성에서 노략한 물건을 무수히 내어오고 그 가운데 백성들을 끌어내어 톱질과 써레질과 도끼질과 벽돌구이를 하게 하니라"(삼하 12:29~31)

하나님은 다윗에게 금 십만 달란트 곧 150조 원을 주셨습니다.

역대상 22장 14절에 "내가 환난 중에 여호와의 성전을 위하여 금 십만 달란트와 은 백만 달란트와 놋과 철을 그 무게를 달 수 없을 만큼 심히 많이 준비하였고 또 재목과 돌을 준비하였으나 너는 더할 것이며"라고 했습니다. 하나님은 이만큼 돈이 많습니다.

은의 힘도 막강합니다. 아마샤가 25세에 왕위에 오른 후에 은으로 큰 용사를 십만 명이나 고용했습니다. "그가 은 백 달란트로 이스라엘 나라에서 큰 용사 십만 명을 고용하였다."(대하 25:6)

당신은 하나님의 부요하심에 대해 어떻게 생각하십니까?

하나님의 부는 제한적인 부나 경쟁적인 부가 아닙니다.

제한적인 부는 이렇게 생각합니다. '하나님이 지금까지 내게 많은 돈을 주셨어. 이제 더 이상 돈이 없을 거야. 앞으로 누가 내게 필요한 돈을 줄까? 어디 가서 돈 벌고 누구에게 손을 벌릴까?'

경쟁적인 부는 이렇게 생각합니다. '이 사람이 다른 사람과 거

래하게 되었으니 나와는 거래하지 않을 거야. 이제 끝이야.'

한강에서 물을 몇 컵 펐다고 해서 한강이 바닥날까요? 그렇지 않습니다. 하나님은 한강물처럼 무제한적인 부와 창조적인 부를 갖고 계십니다. 하나님은 요셉에게 7년 풍년일 때나 7년 흉년일 때나, 상관없이 계속 복을 부어 주셨습니다. 그는 형통했습니다.

형들이 죽이려고 구덩이에 던졌을 때도, 보디발의 집에 노예로 팔려 갔을 때도, 누명을 쓰고 감방에 갇혔을 때도, 하나님의 은혜로 항상 형통했고 복을 받았다고 성경은 말씀합니다. 일시적인 현상과 상관없이 계속 복에 복이 더해지고 있었던 것입니다. 당신도 '이제 끝이야. 더 이상 희망이 없어'라고 생각하지 마십시오.

한 사람을 통한 수입이 멈추면 다른 더 많은 사람들을 통한 큰 수입을 주십니다. 한 사람과의 거래가 멈추면 다른 더 많은 큰 거래가 생기게 하십니다. 하나님은 항상 백배나 더 크고 좋은 것으로 챙겨 주십니다. 그러므로 염려할 필요 없습니다. 당신도 하나님처럼 백배나 더 크게 생각해야 합니다. 항상 무제한적이고 창조적인 부를 생각하고 말하고 믿어야 합니다.

나는 지금까지 항상 다른 사람을 축복했습니다. 비록 개인의 형편에 따라 내 곁을 떠났다 할지라도 나는 그를 축복했습니다.

"하나님, 이 사람에게 복을 주옵소서."

그래서 그들 모두 잘되고 있고 복을 받고 있습니다. 만약 복을 받을 만한 그릇이 되지 못하는 사람이 있다면 그 복이 내게로 돌아와 내가 받았습니다. 당신도 당신 주위에 있는 모든 사람을 저주하지 말고 축복하십시오. 옷깃이라도 스친 사람은 억만 번이나 축복하십시오. 당신은 복의 근원입니다. 대부분의 문제는 돈 때문에 생기는데 하나님께 돈이 많다는 믿음을 가지면 해결됩니다.

이렇게 믿고 말하십시오. 믿고 말한 대로 될 것입니다.

"하나님께는 돈이 많다. 억만 번이나 결제할 돈을 주신다. 억만 번이나 꿈을 이룰 돈을 주신다. 억만 번이나 큰돈을 주신다."

부자 아빠 하나님은 지혜가 많은 분이다

부자 아빠 하나님은 지혜가 많은 분입니다.

어느 정도로 많으실까요? 억만 번이나 당신의 문제를 해결할 정도로 지혜가 많으십니다. 나는 전교에서 꼴찌를 했습니다. 정말 미련하고 아둔했습니다. 그런 내가 성경을 읽다가 솔로몬이 지혜를 구했다는 말을 듣고 나도 지혜를 딱 한 번 구했습니다.

"하나님, 저에게도 지혜를 주세요."

그러자 하나님은 즉시 내게 세미한 음성으로 말씀하셨습니다.

"내가 네게 지혜를 주었다. 그것을 믿어라."

나는 "아멘, 받았습니다"라고 대답했습니다. 그러나 여전히 공부를 못했고 바닥을 기었습니다. 나는 주님께 물었습니다.

"분명히 지혜를 주셨다고 하셨는데 왜 저는 미련합니까? 어떻게 하면 하나님이 주신 지혜를 나타낼 수 있습니까? 알려주세요."

"너는 교회에서 잘못 배워 너 자신을 '미련한 놈, 바보'라고 믿고 있다. 너는 바보가 아니다. 천재다. 그러므로 너는 너 자신을 천재라고 믿어라. '나는 천재다'라고 생각하고 말해라. 모든 공부가 쉽다고 믿어라. 그러면 엄청난 지혜가 나타날 것이다."

나는 깜짝 놀랐습니다. 그리고 내 생각과 말을 바꾸었습니다.

"나는 천재다. 내 안에 지혜가 가득하다. 세상 모든 것이 쉽다. 내 머리 속에 있는 150억 개의 뇌세포가 모두 가동되고 있다."

하나님은 내게 지혜와 총명과 심히 넓은 마음을 주셨습니다.

나는 내가 원하는 공부를 다 하게 되었고 책을 700권 쓰게 되었습니다. 부모 형제 친척 친구들이 모두 놀랄 정도였습니다. 지혜가 나타나니까 책을 쓰고 강연하고 목회하고 사업하게 되었습니다. 지혜가 나타나니까 날씬해지고 건강해졌습니다. 지혜가 나타나니까 행복한 가정을 꾸리고 네 명의 자녀를 잘 코치했습니다. 지혜가 나타나니까 60평 아파트를 사고 벤츠를 사게 되었습니다.

"오직 지혜는 성공하기에 유익하니라."(전 10:10)

모든 과목에 100점을 맞아 전교 일등을 하고 수석으로 일류 대학을 입학 졸업하고 박사 학위를 열 개나 받고 대기업에 취직했다고 해서 성공하거나 행복한 가정을 꾸릴 수 있는 것이 아닙니다. 그렇게 되라고 완벽 주의 마인드로 자녀를 마구 몰아붙이면 숨이 턱턱 막힙니다. 조바심과 불안한 마음을 버리고 여유롭게 기다려 주면 하나님이 당신의 자녀를 인도하시고 복을 주실 것입니다.

자녀를 독촉하지 말고 믿어 주십시오. 때가 되면 반드시 하나님의 영이 당신의 자녀를 이끌어 크게 성공시킬 것입니다. 내가 그랬습니다. 하나님을 경외하는 것만 코치하십시오. 그러면 하나님이 책임지고 당신의 자녀를 반드시 크게 성공시킬 것입니다.

“하나님, 저의 자녀에게 지혜를 주세요”라고 기도하십시오.

지혜를 가진 사람은 사장이 되고 지식을 가진 사람은 직원이 됩니다. 지혜를 가진 사람은 한 달에 1억, 10억을 벌고 지식을 가진 사람은 한 달에 100만 원, 300만 원을 법니다. 그렇습니다. 사람은 지혜가 있어야 크게 성공하고 행복할 수 있습니다. 나는 지혜를 구했고 지혜를 받으니까 다른 모든 것을 얻게 되었습니다.

당신도 나처럼 꿈을 이루고 성공하기를 원하십니까? 그렇다면 다른 무엇보다 ‘지혜’를 구하십시오. 지혜 안에 다 들어 있습니다.

솔로몬은 지혜를 구했고 다른 모든 것을 함께 얻었습니다.

“내가 네 말대로 하여 네게 지혜롭고 총명한 마음을 주노니 네 앞에도 너와 같은 자가 없었거니와 네 뒤에도 너와 같은 자가 일어남이 없으리라. 내가 또 네가 구하지 아니한 부귀와 영광도 네게 주노니 네 평생에 왕들 중에 너와 같은 자가 없을 것이라.”(왕상 3:12~13) 지혜를 얻은 솔로몬이 당신에게도 권합니다.

“지혜가 제일이니 지혜를 얻으라. 네가 얻은 모든 것을 가지고 명철을 얻을지니라.”(잠 4:7)

지혜가 많으신 하나님은 지혜를 구한 솔로몬에게 헤아릴 수 없이 많은 지혜와 총명을 주셨습니다. 상상이 안 될 정도입니다.

“하나님이 솔로몬에게 지혜와 총명을 심히 많이 주시고 또 넓은 마음을 주시되 바닷가의 모래 같이 하시니 솔로몬의 지혜가 동쪽 모든 사람의 지혜와 애굽의 모든 지혜보다 뛰어난지라. 그는 모든 사람보다 지혜로워서 예스라 사람 에단과 마홀의 아들 헤만과 갈골과 다르다보다 나으므로 그의 이름이 사방 모든 나라에 들렸더라. 그가 잠언 삼천 가지를 말하였고 그의 노래는 천다섯 편이며 그가 또 초목에 대하여 말하되 레바논의 백향목으로부터 담에 나는 우슬초까지 하고 그가 또 짐승과 새와 기어다니는 것과 물고기에 대하여 말한지라. 사람들이 솔로몬의 지혜를 들으러 왔으니 이는 그의 지혜의 소문을 들은 천하 모든 왕들이 보낸 자들이더라."(왕상 4:29~34)

하나님은 지혜와 총명이 무한대로 많은 분이십니다.

그분이 지혜를 구한 솔로몬에게 어떤 복을 주셨습니까?

첫째, 하나님이 솔로몬에게 지혜와 총명을 심히 많이 주셨습니다. 둘째, 넓은 마음을 주시되 바닷가의 모래 같이 하셨습니다. 셋째, 솔로몬의 지혜가 동쪽 모든 사람의 지혜와 애굽의 모든 지혜보다 뛰어났습니다. 넷째, 솔로몬이 모든 사람보다 지혜로워서 예스라 사람 에단과 마홀의 아들 헤만과 갈골과 다르다보다 나으므로 그의 이름이 사방 모든 나라에 들렸습니다. 다섯째, 솔로몬은 잠언 삼천 가지를 말하였습니다. 여섯째, 그의 노래는 천다섯 편이었습니다. 일곱째, 그가 또 초목에 대하여 말했는데 레바논의 백향목으로부터 담에 나는 우슬초까지 말하고 그가 또 짐승과 새와 기어다니는 것과 물고기에 대하여 말했습니다. 사람들이 솔로몬의 지혜를 들으러 왔습니다. 이는 그의 지혜의 소문을 들은 천하 모든 왕들이 보낸 자들이었습니다.

이러한 솔로몬보다 더 크신 분이 바로 예수님입니다.

"심판 때에 남방 여왕이 일어나 이 세대 사람을 정죄하리니 이는 그가 솔로몬의 지혜로운 말을 들으려고 땅 끝에서 왔음이거니

와 솔로몬보다 더 큰 이가 여기 있느니라."(마 12:42)

예수님은 솔로몬보다 억만 배나 더 크신 분이고 억만 배나 더 지혜가 많은 분입니다. 그런 예수님이 당신 안에 계십니다.

"예수 그리스도께서 너희 안에 계신 줄을 너희가 스스로 알지 못하느냐?"(고후 13:5)라고 했습니다. 이보다 더 큰 복이 어디 있겠습니까? 나는 내 안에 계신 예수님이 지혜가 많은 분이라는 것을 깨닫고 큰 충격을 받았습니다. 그 즉시 나는 솔로몬보다 더 많은 지혜를 받은 사람이 되었습니다. 내 안에 실제로 살아 계신 예수님은 솔로몬과는 비교가 안 될 정도로 크신 분입니다.

"내 안에 솔로몬보다 억만 배나 크신 예수님이 실제로 살아 계신다. 그러므로 나는 솔로몬보다 더 큰 지혜를 받은 천재다."

내 안에 계신 예수님 때문에 나는 천재가 되었습니다.

지혜는 단순히 영어 단어나 수학 공식을 외우는 기억력이 아닙니다. 지혜는 '종합적인 활용 능력'을 가리킵니다. 지혜는 기억력, 집중력, 이해력, 창의력, 몰입력, 거래력, 통치력, 둔감력, 저술력, 강연력, 협상력 등 수천 가지의 능력을 포함합니다. 그러므로 학과 공부를 좀 잘하고 못 하고는 그리 중요하지 않습니다.

지혜의 끝은 책을 써내고 강연하는 것입니다. 그것도 '학교 수업 교재'나 '전문 지식 강의'가 아닌 '자신의 삶과 깨달음을 담은 책을 써내고 강연하는 것'입니다. 책은 천 년 동안 남습니다.

수재는 교과서편찬위원회에서 만든 책을 토씨 하나 틀리지 않고 달달 외우고 시험을 쳐서 100점을 맞으려고 노력합니다. 또한 수재는 다른 사람의 논문을 짜깁기하고 조금 더 보태어 자신의 논문이라고 발표합니다. 하지만 천재는 다릅니다. 자신의 삶과 깨달음이 담긴 세상에 단 하나밖에 없는 책을 써냅니다.

당신은 어떻습니까? 나는 이러한 천재작가의 길을 가기로 했습니다. 내가 지금까지 얻은 모든 것은 지혜 때문입니다. 지혜 안에 부귀와 영화, 건강과 장수가 다 담겨 있습니다. 그러므로 당신은 당신이 가진 모든 것을 투자해서 어떻게든 지혜를 얻어야 합니다.

지금 02.416.7869로 전화해서 내가 쓴 책 〈김열방의 두뇌개발 비법〉을 주문해서 읽으십시오. 천재적인 지혜가 폭발적으로 터져 나올 것입니다. 예수님은 "천국은 마치 밭에 감추인 보화와 같으니 사람이 이를 발견한 후 숨겨 두고 기뻐하며 돌아가서 자기의 소유를 다 팔아 그 밭을 사느니라"(마 13:44)고 하셨습니다.

천재작가와 강연가, 사업가와 자산가의 길을 가라

당신은 언제쯤 당신의 책을 써낼 계획입니까?

사람들은 죽어라고 열심히 일해서 크게 성공하면 그때 책을 쓰려고 합니다. 아닙니다. 인생은 끝에서부터 시작해야 합니다. 책부터 먼저 써내면 크게 성공합니다. 책이 가장 큰 성공입니다.

진짜 부요함은 '업적'에 있지 않고 '삶'에 있기 때문입니다.

자기 노력으로 위대한 업적을 이룬 후에 그것을 자랑하기 위해 책을 쓰는 것이 아닙니다. 그런 업적은 하나님이 보시기에 티끌처럼 작습니다. 그보다 더 큰 것 곧 우주 만물을 창조하신 하나님과 동행하는 삶의 내용을 책으로 써야 합니다. 하나님을 만나고 그분의 음성을 들은 것, 그분과 사랑의 교제를 나눈 것, 그분의 도우심으로 깨달음을 얻은 것을 책으로 써내야 합니다. 독자들을 변화시키는 것은 당신의 업적이 아닌 당신의 삶이기 때문입니다.

"나는 세계에서 다섯 번째로 높은 123층 빌딩을 지었다."

당신이 평생 이룬 업적은 한 줄이면 끝나지만 당신이 하나님과 동행하는 삶은 수천수만 줄 끝도 없이 쏟아져 나옵니다. 한 시간의 깨달음이나 하루의 삶을 책 한 권으로 쓸 수도 있습니다.

벤츠를 사면 책을 쓰겠다고요? 아닙니다. 책부터 써내야 합니다. 물론 벤츠는 성공을 상징하는 차입니다. 나는 세단과 스포츠카 두 대를 샀습니다. 그런데 멋진 벤츠를 사서 몰고 다니는 것보다 백배나 더 크고 귀한 성공이 바로 '책을 써내는 것'입니다.

책은 모든 성공의 끝입니다. 그러므로 성공하려면 만사를 제쳐 두고 책부터 써내야 합니다. 두꺼운 책을 한 권 써내면 더 이상 말이 필요 없습니다. 다들 성공했다고 인정합니다. 책을 써내면 벤츠를 몰든 안 몰든 '성공했다, 대단하다'고 칭찬합니다.

책을 한 권 써내면 다른 말이 필요 없습니다.

그래서 나는 20대에 만사를 제쳐 두고 책부터 써냈습니다.

책을 써내자 전국과 세계에서 강연 요청이 들어왔습니다.

나는 비행기를 타고 다니면서 수억의 사람들에게 강연했습니다. 책은 수많은 졸업장과 자격증, 박사 학위 100개보다 더 큰 힘이 있었습니다. 책을 통해 내 모든 꿈과 소원이 이루어졌습니다.

당신도 다른 것에 에너지를 낭비하지 말고 당장 책을 쓰십시오. 나는 지금도 아침에 일어나면 만사를 제쳐 두고 책부터 씁니다. 책부터 쓰면 다른 모든 꿈과 소원이 자동으로 이루어집니다.

책을 써 본 경험이 없다고요? 학벌이 안 된다고요?

책은 믿음으로 쓰는 것입니다. 믿음만 있으면 가능합니다.

내가 책을 쓰게 된 것은 전적인 성령님의 인도하심이었습니다.

나이도 어리고 학벌도 없고 전문지식도 없는 내가 성령님의 기름 부으심을 따라 한 달 동안 밤새워 260쪽의 두꺼운 책을 써낸 것입니다. 그로 인해 내 인생은 완전히 바뀌었고 천재의 길을 가게 되었습니다. 나는 하루아침에 유명 인사가 되었습니다.

당신도 지금 당장 만사를 제쳐 두고 책부터 써내십시오.

책은 써도 그만 안 써도 그만이 아닙니다. 크게 성공하면 그 때 가서 죽기 전에 한 권 써내는 것이 아닙니다. 반대로 책부터 써내면 크게 성공합니다. 그동안의 자신의 삶과 깨달음을 담아 책부터 한 권 멋지게 써내야 합니다. 그러면 인생이 완전히 바뀝니다.

김열방의 책쓰기학교, 강연학교, 공동저자에 등록하십시오.

내일로 미루지 말고 오늘 꼭 책 쓰기를 시작하라

당신은 언제쯤 책을 쓰려고 계획합니까?

책은 죽기 전에 쓰는 것이 아닙니다. 지금 써야 합니다.

당신이 20세라면 20년간의 당신만의 독보적인 삶의 내용과 깨달음이 있습니다. 그걸로 책을 쓰면 됩니다. 내일로 미루지 말고 지금 책 쓰기를 시작하기 바랍니다. 그러면 인생이 바뀝니다.

다른 할 일도 많은데 왜 만사를 제쳐 두고 책부터 먼저 써내야 할까요? 당신이 책을 꼭 써내야 하는 이유는 12가지입니다.

첫째, 책을 써내면 책 출간에 대한 꿈이 성취됩니다.

둘째, 책을 써내면 성공했다고 인정받습니다.

셋째, 책을 써내면 자기 계발을 할 수 있습니다.

넷째, 책을 써내면 신분이 급상승합니다.

다섯째, 책을 써내면 당신의 분신이 만들어집니다.

여섯째, 책을 써내면 '책 마케팅'을 할 수 있습니다.

일곱째, 책을 써내면 이름을 남길 수 있습니다.

여덟째, 책을 써내면 지혜를 상속할 수 있습니다.

아홉째, 책을 써내면 신적인 권위가 생깁니다.

열째, 책을 써내면 부모님께 효도하는 것입니다.

열한째, 책을 써내면 가문의 영광이 됩니다.

열둘째, 책을 써서 책으로 전도하고 선교해야 합니다.

사람은 누구나 결국은 다 죽습니다. 아무리 대단한 인물이라도 결국 수명이 다하면 죽습니다. 세계적으로 돈 많은 사람, 권력과 명예를 얻은 사람, 잘 생기고 예쁜 사람들도 결국 다 죽습니다.

당신이 아무리 큰 성공을 거두고 집착해도 어느 순간 아침 안개처럼 다 사라집니다. 마지막에 남는 것은 책 밖에 없습니다. 그러므로 살아 있을 동안에 어찌하든지 당신의 삶과 깨달음을 담은 책을 한 권이라도 써내야 합니다. 책은 당신의 분신과 같습니다.

나는 29세에 책 쓰기에 도전했고 성공했습니다. 그때 한 책 쓰기가 내 인생을 완전히 바꾸었습니다. 책 쓰기의 열두 가지 유익을 하나씩 깨달으면 당신도 반드시 책을 써내게 될 것입니다.

책 출간의 꿈을 이루면 다른 꿈은 저절로 이루어진다

당신에게는 어떤 꿈과 소원들이 있습니까?

사람마다 많은 꿈과 소원들이 있을 것입니다. 그 모든 꿈과 소원들이 다 이루어지면 마지막에 죽기 전에 꼭 내 이름으로 된 책을 한 권 써내고 싶다는 마음이 들게 됩니다. 책을 통해 내 삶과 깨달음을 후손에게 남기고 싶기 때문입니다. 그렇다면 꼭 죽기 전에 책을 써야 할까요? 아닙니다. 나처럼 지금 당장 책부터 써내는 것이 좋습니다. 책을 써내면 책 출간에 대한 꿈이 이루어집니다. 오늘 실천하십시오.

나는 사람들이 인생의 끝에서 책 한 권 써내는 것이 소원임을 알았고 나도 죽기 전에 꼭 내 이름으로 된 책 한 권을 써내야겠다고 생각했습니다. 하지만 그렇게 죽기 전에 책을 써내는 것이 과연 옳은 것일까요? 나는 '지금 당장 책을 써내면 어떨까? 과연 내 인생에 어떤 변화가 올까?' 하고 뒤집어 생각하게 되었습니다. 발상의 전환, 곧 끝에서부터 시작하자는 것입니다. 남들처럼 해서는 안 되고 남들과 반대로 해야 크게 성공한다는 마음으로 나는 29살에 책부터 써냈습니다.

나는 고등학교 시절, 도서관에서 살다시피 하며 수천 권의 책을 읽었습니다. 책을 낸 저자들은 모두 크게 성공한 사람이었습니다. 나도 그들처럼 크게 성공하고 싶었습니다. 하지만 그 당시 내게는 이렇다고 내세울 만한 업적이 없었기 때문에 또 10년의 세월을 그냥 보내고 29살이 되었습니다. 위대한 업적을 만든 다음에 책을 써내려면 또 10년을 더 기다려야 할지도 모르는 일이었습니다.

그래서 나는 위대한 업적이 아닌 '위대한 내 삶'을 담아 책을 내기로 마음먹었습니다. 10년 동안 살았던 내 삶을 모두 이야기 목록으로 만들어 책을 쓰기 시작했습니다. 수십 가지 재미있는 이야기 목록이 떠올랐습니다. 그 결과 29살의 나이에 〈성령님과 실제적인 교제법〉이라는 300쪽짜리 두꺼운 책이 한 달 만에 완성되었고 출간되었습니다.

내 평생에 가장 잘한 일은 책을 써낸 것이다

책부터 써내니 내 인생은 그 이전과는 완전히 달라졌습니다.

주위에서 "그동안 몰라봐서 미안하다. 이제부터는 당신에 대한 태도를 바꾸겠다"고 말했습니다. 어떤 이는 내게 수백만 원을 기부했습니다. 독자들이 상담하고 안수 받겠다고 밤낮 나를 찾아왔습니다. 전국과 세계에서 강연 요청이 쇄도했습니다. 하루아침에 나는 수천 명이 모인 곳에서 강연하게 되었습니다.

책 한 권의 힘이 이렇게 엄청난 줄은 미처 몰랐습니다. 그 책이 나의 분신이 되어 내 대신 전국과 세계를 날아다니며 나의 존재와 나의 삶과 나의 깨달음에 대해 홍보하고 영업했습니다. 나는 내 인생을 끝에서부터 곧 책을 써내는 것부터 시작했는데 지금 생각해도 억만 번이나 잘한 것 같습니다.

죽도록 공부해 일류 대학을 졸업하고 외국에 유학 가서 박사 학위를 받고 명문대학교 교수가 되고 책을 쓴 게 아니었습니다. 땅과 아파트와 빌딩을 사고 벤츠를 몰고 대기업을 일으킨 다음 책을 쓴 게 아니었습니다. 나는 반대로 실천했습니다. 그 모든 것의 끝인 '책 쓰기'부터 먼저 한 것입니다. 그러자 다른 모든 것이 자동으로 줄줄 따라 들어왔습니다.

당신은 어떻습니까? 왜 아직까지 책을 써내지 못했습니까?

다른 것에 가치를 두기 때문입니다. 책을 써내려면 땅과 빌딩, 아파트와 벤츠를 사기, 학위 받고 자격증 따기 등 수많은 것들을 뒤로 하고 '책부터 한 권 써내기'의 꿈을 가지고 실천해야 합니다.

예수님은 "너희가 무엇이든지 기도하고 구한 것은 받은 줄로 믿으라. 그리하면 너희에게 그대로 되리라"고 하셨습니다. 당신이 기도하고 구한 것을 다 받았다면 마지막으로 무엇을 해야 할까요? 성공의 끝인 책 쓰기부터 해야 합니다. 나는 모든 것을 다 받았다고 믿고 책 쓰기부터 했습니다. 그러자 진짜 다른 모든 것이 실상으로 나타났습니다. 내게는 지금도 매일 책 쓰는 것이 가장 중대합니다. 그래서 나는 아침 일찍 다른 일을 하기 전에 먼저 책부터 씁니다. 한 달에 한 권씩 책이 나올 정도입니다.

처음에는 달랑 책만 한 권 있었는데 지금은 다 가졌습니다.

당신도 나처럼 책부터 먼저 한 권 써내십시오. 그러면 다른 꿈들이 저절로 모습을 드러낼 것입니다. 책은 신기합니다. 책에 쓴 내용들은 모두 현실로 나타납니다. 내가 책에 쓴 내용들이 모두 현실화되었습니다. 인생은 꿈대로 믿음대로 다 됩니다.

"믿음은 바라는 것들의 실상이요."(히 11:1)

책을 쓰는 것이 가장 큰 자기 계발이다

당신은 어떤 방식으로 자기 계발을 하고 있습니까?

나는 책 쓰기로 자기 계발을 하고 있습니다. 책을 쓰려면 먼저 책에 쓸 만한 삶이 있어야 합니다. 하지만 많은 사람들이 생각하는 것처럼 책 쓰기에 필요한 삶은 '위대한 업적이 있는 대단한 삶'이 아닙니다. '위대한 깨달음이 있는 대단한 삶'입니다.

깨달음이 없는 하루는 평범한 하루에 불과합니다. 깨달음이 있는 하루는 위대한 하루입니다. 나는 매일 많은 깨달음을 얻습니다. 한 가지라도 깨달음을 얻으면 천 년을 더 산 것 같습니다.

나는 일상에서 깨달은 것을 책으로 써냅니다. 깨달음을 얻기 위해 꼭 남다른 놀라운 경험을 해야 하는 것은 아닙니다. 어떻게 해야 깨달음을 얻을 수 있을까요? 천재가 쓴 책을 읽으면 됩니다.

바보나 범재, 수재와 영재의 책에서는 깨달음이 거의 없습니다. 천재가 쓴 책에는 한 줄, 한 페이지에서도 수십 가지의 깨달음이 터져 나옵니다. 나는 천재가 쓴 책을 찾아 읽습니다.

박사들이 쓴 책은 대부분 수재가 쓴 논문 형식의 책입니다. 그런 책은 10분만에도 한 권을 읽을 수 있는데 깨달음은 하나도 건지기 어렵습니다. 영재가 쓴 책은 천재들의 명언과 삶을 짜깁기한 책입니다. 그런 책에서는 좀 더 많은 깨달음을 얻을 수 있긴 하지만 조각난 것이어서 힘이 약합니다.

천재가 쓴 책은 자신의 삶과 깨달음이 듬뿍 담겨 있기 때문에 한 권을 읽으면 수천 개의 깨달음을 얻게 됩니다. 사실 그런 책은 찾기 어렵습니다. 수천 권 중에 천재가 쓴 책을 한 권만 발견해서 읽어도 인생이 완전히 바뀝니다.

하나님은 내게 솔로몬보다 더 큰 지혜를 주셨습니다. 천재적인 지혜가 내 안에서 매일 폭발적으로 터져 나오고 있습니다.

그래서 나는 내가 읽고 싶은 책을 내가 직접 씁니다. 내 책을 읽으면 수천수만 가지의 깨달음을 얻게 됩니다. 천재는 짜깁기를 하지 않고 원리를 정립해서 씁니다.

당신도 내가 쓴 책을 구입해서 읽으십시오. 그 중에서 대표 저서 30권을 특별히 꼭 구입해서 읽으십시오. 당신에게 지혜의 문이 활짝 열리게 될 것입니다. 인생을 백번이나 더 산 것처럼 느껴질 것입니다. 내가 쓴 책을 읽은 사람마다 천재적인 지혜의 문이 열렸습니다. 그들도 나처럼 다들 천재적인 책을 쓰고 천재적인 강연을 하게 되었습니다.

책을 무작정 많이 읽는다고 인생이 바뀌거나 성장하는 것은 아닙니다. 바보, 범재, 수재, 영재가 쓴 책을 3000권, 5000권, 수만 권 읽어도 전혀 변화와 성장을 얻지 못하는 경우가 많습니다.

일주일에 한 권씩 1년에 52권을 읽는 사람도 있고 하루에 한 권씩 1년에 365권을 읽는다는 사람도 있었지만 나처럼 많은 깨달음을 얻지는 못했습니다.

그런 분들이 내게 와서 코칭 받고 하루 만에 사람이 완전히 달라졌습니다. 왜 그럴까요? 읽은 책의 권수가 아닌 깨달음이 중요하기 때문입니다. 성경책도 100번을 읽어도 몇 가지 밖에 못 깨닫는 사람이 있는가 하면 한 번을 읽어도 수만 가지를 깨닫는 사람이 있습니다. 이것이 보통 사람들이 이해하지 못하는 천재의 영역입니다.

주께는 하루가 천 년 같고 천 년이 하루 같다고 했습니다. 깨달음의 세계도 하루가 천 년 같고 천 년이 하루 같습니다. 하루 만에 천 년의 깨달음을 얻을 수도 있고 천 년 동안 하루의 깨달음을 얻을 수도 있다는 것입니다. 인생은 깨달은 만큼만 성장합니다.

책을 천 권 읽는 것보다 한 권 쓰는 것이 더 많은 깨달음을 얻습니다. 내가 이렇게 많은 깨달음을 얻고 다른 사람들보다 백배 이상의 삶을 사는 것은 내 이야기와 깨달음을 책으로 써내기 때문입니다. 책을 써내면 과거를 정리하게 되고 현재를 파악하게 되며 미래를 내다보게 됩니다. 책 쓰기 만큼 자기 계발에 큰 힘을 발휘하는 것은 없습니다.

나는 29살에 책을 써내므로 29년간의 인생을 한 번 정리했습니다. 그러자 두 번째 인생이 시작되었고 29년의 삶보다 백배 이상의 엄청난 깨달음들이 쏟아졌습니다. 지나온 삶에 대한 이야기와 깨달음을 책으로 써내면 지난 삶을 여러 번 반복하지 않고 앞으로 나아갈 수 있습니다. 대부분의 사람들이 성장과 발전이 없는 것은 했던 말을 또 하고 했던 생각을 또 하고 했던 일을 또 하기 때문입니다. 한 번 깨달았으면 그 자리에 머물며 똑같은 일을 반복하지 말고 새로운 일을 시도하면서 앞으로 쌩쌩 달려 나가야 합니다. 나는 천재의 길을 가고 있습니다.

한번뿐인 소중한 인생, 천재의 길을 가라

인생에는 다섯 가지 길이 있습니다.

바보 범재 수재 영재 천재의 길입니다. 당신은 '바범수영천' 중에 어떤 길을 선택해서 달리고 있습니까? 인생은 선택입니다. 선택을 잘해야 합니다. 선택에 따라 인생의 결과는 완전히 달라집니다. 무작정 죽어라 일만 많이 한다고 성공하는 것이 아닙니다.

첫째, 바보의 길이 있습니다. 그들은 십계명을 어기고 우상을 숭배하며 온갖 죄를 짓습니다. 그리고는 왜 자신의 인생이 저주받았는지 모른 채 지난 모든 일을 후회하며 자신을 책망하고 정죄합니다. 이런 사람들은 우울증이나 신경 쇠약, 정신분열증에 걸려 죽을 때까지 극심한 정신적인 고통을 당하기도 합니다.

둘째, 범재의 길이 있습니다. 그들은 꿈이 없이 어떻게든 생계유지를 하려고 비참한 하루하루를 삽니다. 그들은 하루 벌어 하루 먹고 사는 단순 노동업에 종사합니다. 하루라도 쉬면 수입이 없고 먹고 살 길이 막막합니다. 그런데도 가만히 앉아 있지 않고 분주합니다. 생쥐처럼 발발거리며 돌아다니고 참새처럼 짹짹거리며 악성 댓글을 달고 남을 비난하고 헐뜯기 위해 모여 앉아 조잘거립니다. 매일 신세타령, 정부와 남 탓만 합니다.

셋째, 수재의 길이 있습니다. 그들은 교과서편찬위원회에서 만든 교과서만 달달 외워 시험치고 합격하고 졸업장과 자격증을 따고 남이 세운 회사에 이력서를 내밀고 취직해서 평생 남이 시킨 일만 하다 5, 60대에 은퇴합니다. 자신은 아직 정정하다고 말하지만 회사에서는 더 이상 필요 없다고 말합니다.

연봉만 높고 하는 일은 기계적인 일이기 때문에 더 작은 연봉을 주고 신입사원에게 맡겨도 아무 지장이 없습니다. 그를 은퇴시켜도 똑같은 부속품이나 벽돌 같은 인력이 수십만 명이나 있기 때문에 회사 입장에서는 아무 걱정이 없습니다.

은퇴한 그들은 스스로 생각하고 결정할 줄 모르기 때문에 먹고 살 길이 막막합니다. 그래서 또 남이 시킨 일을 하기 위해 50대에 이력서를 들고 다니며 택배 회사 짐 옮기기나 도우미 아줌마 등 단순 노동업에 알바로 취직합니다. 학교나 회사에서 수재에게 요구하는 것은 한 가지, 시킨 일만 잘하라는 것입니다.

"너희 스스로 생각하지 마라. 내가 시킨 일만 해라. 그것도 하나도 틀리지 말고 완벽하게 처리해야 한다. 그게 너희가 인정받고 성공하는 유일한 길이다. 그 이상도 그 이하도 하지 마라."

그렇게 칸막이나 상자 안에서 30년간 길들여지면 은퇴 후에 자생력이 전혀 없습니다. 퇴직금으로 식당을 차려도 간과 쓸개, 오장육부까지 다 내놓아야 하고 하루 종일 서서 일해야 합니다.

겉으로 멋있어 보이는 학원 강사나 학교 교사나 대학교수도 교과서편찬위원회에서 만든 교재만 앵무새처럼 반복해서 읽으며 가르쳐야 합니다. 그들 자신의 생각이나 의견은 없어야 합니다. 그들은 평생 로봇처럼 살았습니다. 그들의 사전에 '희망'이란 단어가 없습니다. 이들이 앞이 캄캄한 화이트칼라의 길입니다.

넷째, 영재의 길이 있습니다. 그들은 열심히 머리를 굴리지만 남의 것을 자신의 것인 양 짜깁기합니다. 그들도 책을 쓰고 사업을 합니다. 하지만 자신의 것은 하나도 없습니다. 책을 쓸 때 유명한 사람들의 명언이나 예화를 짜깁기해서 자신의 것인 양 두껍게 묶어 냅니다. 사업을 해도 남이 만든 것을 가져다가 팔고 작은 이윤을 남깁니다. 그래도 영재는 영리합니다. 주변의 환경이나 사건, 사람, 물건을 최대한 활용해서 어떻게든 자신이 원하는 수익을 내기 때문입니다.

다섯째, 천재의 길이 있습니다. 그들은 끊임없이 새로운 아이디어를 떠올리고 또 자신만의 제품을 만듭니다. 천재는 방대한 창작 활동을 합니다. 자신의 삶과 깨달음을 담은 책을 쓰고 또 그런 강연을 합니다. 자신만의 그림을 그리고 자신만의 작사 작곡을 하고 자신만의 책을 제작합니다.

천재는 똑같은 일을 반복하지 않습니다. 천재의 생활은 단순하고 소박하지만 생각은 복잡하고 화려합니다. 천재는 하루에도 수천 가지를 생각하고 수십 가지 아이디어를 떠올립니다.

천재는 억대 수입을 올립니다. 하루에 1억, 10억 법니다. 하루 벌어 평생 먹고 사는 천재도 많습니다. 천재는 이력서를 내거나

면접을 볼 일이 없습니다. 천재는 시험치고 자격증을 따고 졸업장을 받는 일에 별 관심이 없습니다.

물론 운전 면허증 정도는 따겠죠. 천재는 자신의 이름으로 회사를 차리고 영재와 수재들에게 이력서를 받아 자신이 시키는 일을 로봇처럼 완벽하게 처리할 사람을 고용합니다.

천재는 모든 것을 자동화시켜 놓고 자유로운 몸으로 돌아다닙니다. 천재는 출근하지 않아도 통장으로 계속 셀 수 없는 현금이 들어오게 만듭니다. 당신도 바보 범재 수재 영재의 길을 가지 말고 천재의 길을 가야 합니다. 천재작가, 천재강연가, 천재사업가, 천재자산가, 천재예술가의 길을 가십시오.

당신이 쓴 책이 당신 대신 돌아다니며 일한다

당신은 책이 어떤 역할을 하는지 아십니까?

책의 역할은 당신이 상상하는 것보다 훨씬 많습니다. 책의 힘은 실로 엄청납니다. 그 중에 내가 아주 중대하게 여기는 것이 있는데 바로 "책은 나의 분신이다"라는 것입니다. 그렇습니다. 책은 나의 분신입니다. 나는 내 책을 통해 일합니다. 내 책이 내 대신 전국과 세계를 돌아다니며 목숨 걸고 일합니다.

나는 체질상 해외 선교 현장에 나가서 오래 머물지 못합니다.

그래서 인도, 중국, 필리핀, 브라질, 일본 등의 나라에 며칠간 부흥회나 세미나를 인도하러 가는 것은 하지만 그곳에서 오랜 기간 머물며 선교하는 것은 못합니다. 나는 노숙자의 생활을 할 수 있는 체질이 못 되기 때문에 길거리 선교를 못합니다. 나는 피부가 예민해서 깨끗한 물로 매일 샤워해야 합니다. 그래서 선교지에 가도 호텔에 머물러야 합니다. 브라질에 갔을 때도 5성급 호텔에서 2주 곧 14일간 머물렀습니다. 내 체질상 어쩔 수 없습니다.

나는 가는 선교사보다는 보내는 선교사로 부름 받았습니다.

선교사님들을 파송하고 후원하는 것도 좋은 일이지만 내가 직접 가서 메시지를 전하지 못하니 아쉬운 점이 많습니다. 그런데 책이 나오니 이런 문제가 간단하게 해결되었습니다. 내 책이 나의 분신이 되어 내 대신 비행기를 타고 세계로 날아가 내가 깨달은 복음을 전하기 시작했고 수많은 사람들이 변화되었습니다.

내가 쓴 책이 브라질까지 날아가 서점에서 팔리고 있었습니다. 그 책을 읽은 목사님과 성도들이 힘을 모아 왕복 비행기 표를 끊고 호텔 숙박비를 모았습니다. 나는 24시간 비행기를 타고 브라질까지 날아가 복음을 전하고 돌아왔습니다. 내가 직접 가든 못 가든 내 책이 가서 복음을 전하고 있다는 사실이 얼마나 놀랍습니까? 내 책은 낙도 오지나 시골 교회, 교도소와 군부대, 대학교 도서관과 전국 서점에 들어가 수십만 명의 독자들을 만나고 있었습니다. 그들은 내 책을 통해 나를 만나고 나의 깨달음을 전수받고 있었습니다. 당신도 책을 쓰십시오.

내가 선교사로 해외에 나가면 정기적으로 수많은 사람들에게 후원을 받아야 하고 거주비와 자녀 교육과 양육비도 있어야 합니다. 사역하는데 소용되는 비용도 어마어마하게 들 것입니다. 하지만 내 책을 보내면 문제는 달라집니다. 그 책이 수많은 사람들을 만나 일대일로 대화하며 상담하고 가르치며 그들의 가슴과 두뇌 속으로 파고 들어가 완전히 변화시킵니다. 내 책을 읽고 변화된 사람들이 정말 많습니다. 나도 다른 사람들이 써낸 많은 책을 읽고 변화를 경험했습니다.

책의 힘은 6000년간 한 번도 약해진 적이 없습니다.

6000년간 하나님의 전도 방법은 책 전도이고 선교 방법도 책 선교입니다. 당신도 하나님처럼 책 전도, 책 선교를 해야 합니다. 그러면 지금보다 억만 배나 더 큰일을 할 수 있습니다. 예수님은 "너희가 나를 믿으면 내가 한 일을 할 것이요 또한 이보다 더 큰 것도 하리라"고 하셨습니다.

하나님은 책을 통해 일하십니다. 사람을 불러 세우시지만 결국 그 사람이 책을 써내게 하십니다. 성경은 40명의 공동 저자가 성령의 감동으로 책을 써낸 것입니다. 모든 사람은 죽지만 책은 죽지 않고 이 땅에서 영원히 삽니다.

옷은 10년 남고 건물은 100년 남고 책은 천 년 남습니다. 책은 죽어도 다시 삽니다. 책은 마음에 안 든다며 불태워도 어딘가에 남아 있어 다시 인쇄됩니다. 책은 읽으면서 기분 나쁘다고 찢어도 얼마 후에 다시 붙여 책장에 꽂힙니다. 갈기갈기 찢어 쓰레기통에 버려도 서점에 가면 또 있습니다.

사람은 한 명이기 때문에 죽이면 그만이지만 책은 한 번에 수천 권을 찍어 전국 서점에 깔기 때문에 다 잡아 죽일 수도 없습니다. 책은 수명이 없습니다. 다 헤어지고 떨어져 죽어도 다시 수천

수만 권 인쇄됩니다. 100년, 500년이 지나도 다시 인쇄합니다.

호랑이는 죽어서 가죽을 남기지만 당신은 죽기 전에 책을 남겨야 합니다. 왜 죽기 전까지 기다립니까? 지금 내야 합니다.

당신이 책을 써내면 그 책이 당신의 분신이 되어 영업하고 홍보합니다. 나는 1인 기업을 운영하고 있습니다. 그런데 다른 영업 사원과 홍보 사원은 없습니다. 수십만 권의 내 책이 영업 사원이고 홍보 사원이기 때문입니다. 그 책들이 내 대신 돌아다니며 계속 일하고 있습니다. 나는 가만히 앉아 커피 마시고 책 읽고 산책해도 내 책은 365일 24시간 쉬지 않고 계속 돌아다니며 홍보하고 영업하고 가르치는 일을 합니다. 목숨 받쳐 일합니다.

당신도 분신을 최대한 많이 만들어야 합니다. 책을 한 권 써내면 출판사에서는 수천 권을 찍습니다. 그 한 권을 직원 한 명이라고 생각해 보십시오. 얼마나 대단합니까? 만약 5000권을 인쇄했다면 5000명의 분신을 만든 것과 같습니다. 당신은 집에서 음악을 들으며 쉬고 있는데 당신의 이름과 얼굴, 당신의 삶과 깨달음이 담긴 책 곧 분신 5000명이 전국과 세계를 돌아다니며 일한다고 생각해보십시오. 날마다 엄청난 일이 벌어집니다.

책의 힘이 놀랍지 않습니까? 내 책은 수십만 권이나 팔렸습니다. 그렇다면 나는 책 없이 혼자 뛰어다니며 일하는 사람보다 수십만 배나 더 많은 일을 하고 있는 것입니다. 책 분신을 만들어야 하는 긴급성, 필요성, 절대성에 대해서는 더 이상 설명이 필요 없습니다. 당신의 분신인 책은 꼭 만들어야 합니다. 그것도 지금 당장 만들어야 합니다.

책으로 당신의 이름을 퍼스널 브랜딩하라

당신이 사업에 성공하기 위해 어떤 마케팅을 하고 있습니까?

나는 '책 마케팅'을 합니다. 책을 통해 마케팅을 한다는 말입니다. 당신도 나처럼 책을 써내면 책 마케팅을 할 수 있습니다.

마케팅(marketing)은 최상의 거래를 위한 모든 과정을 말하는데 그 중에서 책 마케팅이 가장 효과적입니다. 신문, 잡지, 라디오 텔레비전, 블로그, 전단지, 현수막 등 많은 종류의 마케팅 방법이 있지만 다들 일회성입니다. 내일이면 잊힙니다.

나는 예전에 신문광고에 수억을 들였고 그렇게 하지 않으면 안 되는 줄 알고 계속 연달아 광고를 했습니다. 나중에는 신문광고에 중독되어 안 하면 마음이 불안했습니다. 수백만 원을 들여 한 번 광고를 내면 2~3일간 반짝 효과밖에 없었습니다. 내일이면 또 새로운 광고가 지면을 채우기 때문입니다.

신문은 일회성이며 '하루살이 마케팅'입니다. 무작위로 수십만 명에게 광고를 내면 하루 이틀은 전화벨 소리가 울리지만 그 후로는 잠잠합니다. 그래도 안 하는 것보다는 낫기 때문에 또 하고 또 하고를 반복했습니다. 내가 번 돈의 전부를 신문사에 갖다 바쳐 신문사를 먹여 살렸다고 해도 과언이 아닐 정도였습니다.

29살에 책을 내고 세미나를 하겠다고 강당을 빌려 신문광고를 냈는데 사람들은 700명이 등록했고 책도 700권이 팔렸지만 모든 수입은 광고비로 나가고 오히려 적자였습니다. 겉으로는 화려한 성공 같았지만 실속이 없는 일회성 이벤트였던 것입니다.

그런데 놀랍게도 내 책을 사서 읽은 사람들에게서는 계속 연락이 왔습니다. 그들이 나의 열광적인 고객이 된 것입니다. 지금은 신문광고를 졸업하고 아예 안 합니다. 그 돈으로 책을 한 권 더 만들어 서점에 깝니다. 신문광고는 돈을 길거리에 뿌리는 것과 같고 하면 할수록 더 큰 적자만 납니다. 왜 그럴까요? 무작위 대상 광고이기 때문입니다. 잡지도 전단지도 다 무작위입니다.

무작위(無作爲)란 말은 화살을 쏘긴 하는데 뭘 맞추겠다는 분명한 표적이 없이 아무데나 쏘면 뭔가 하나 맞겠지 하고 요행을 바라는 것과 같습니다. 사냥을 하려면 곰을 맞추든 노루를 맞추든 토끼를 맞추든 분명한 표적이 있어야 합니다. 사도 바울도 "그러므로 나는 달음질하기를 향방 없는 것 같이 아니하고 싸우기를 허공을 치는 것 같이 아니하며……"(고전 9:26)라고 말했습니다.

어느 날 마케팅의 천재라 불리는 세스 고딘(Seth Godin)이 "신문광고는 죽었다"고 말한 것을 읽고는 신문광고를 그만 하고 졸업하기로 했습니다. 그러면 어떤 마케팅을 해야 할까요?

럭셔리 마케팅인 책 마케팅을 해야 합니다.

당신도 책 마케팅을 하십시오. 당신도 책을 한 권만 써내지 말고 열 권, 스물 권 꾸준히 써내십시오. 그리고 다른 출판사와 계약하지 말고 1인 출판사를 차려 당신이 직접 책을 출간하십시오. 어떻게 하냐고요? 김열방의 책쓰기학교와 1인 출판사학교에 등록하면 됩니다. 그러면 한 달에 한 권씩 책을 출간하게 됩니다.

퇴직금으로 하루 종일 죽어라고 일하는 분식점이나 식당, 카페를 차리지 말고 1인 출판사를 시작하십시오. 이것이 100세, 200

세까지 할 수 있는 가장 품위 있고 럭셔리한 사업입니다. 나는 책 쓰기와 강연, 1인 출판사를 통해 크게 성공했습니다.

당신도 작가와 강연가, 사업가와 자산가의 길을 가십시오.

책을 써내 당신의 지혜를 후손에게 상속하라

당신은 자손에게 당신의 삶과 지혜를 상속하고 있습니까?

나는 자손에게 내가 깨달은 지혜와 경험한 삶의 내용을 모두 상속합니다. 그 방법은 저술과 강연, 코칭을 통해서입니다.

나는 내 책에 내 삶과 깨달음을 모두 담습니다. 자손에게 내 삶과 깨달음을 전할 때 피할 것은 피하고 알릴 것은 알립니다. 그리고 일주일에 한 번씩 주일 예배 시간에 강연을 합니다. 그때 자녀들이 모두 예배에 참석해서 90분간 내가 전하는 깨달음을 듣습니다. 그리고 일상생활 속에서 나는 아이들과 대화하며 코칭합니다.

강연은 일회성이기 때문에 했던 말을 자꾸 반복해야 합니다.

그러나 책은 영원합니다. 책은 내가 있을 때나 없을 때나, 살았을 때나 죽었을 때나 항상 가르칩니다. 자녀들은 내 책을 펴면 언제 어디서나 깨달음을 얻을 수 있습니다. 책은 입이 있어 말을 합니다. 책은 말을 겁니다. 책은 반복합니다. 책은 살아 있습니다.

당신도 나처럼 책을 통해 지혜를 상속하십시오. 후손에게 두꺼운 돈뭉치보다 더 귀한 두꺼운 깨달음 뭉치를 물려주십시오. 돈만 벽돌처럼 쌓지 말고 깨달음도 벽돌처럼 쌓으십시오. 깨달음을 물려줄 때 당신의 후손이 복된 삶을 살 것입니다.

당신이 책을 써내는 것은 해도 되고 안 해도 되는 선택 사항이 아닙니다. 반드시 해야 할 하나님의 명령입니다.

"이제 가서 백성 앞에서 서판에 기록하며 책에 써서 후세에 영원히 있게 하라."(사 30:8)

마지막 성령 운동은 책을 써내는 것이다

당신은 한국의 성령 운동에 대해 어떻게 생각합니까?

세계적으로 시대마다 다양한 성령 운동이 있어 왔습니다.

그 성령의 불이 한국으로 옮겨와 큰 부흥을 일으켰습니다. 도시마다 회개와 각성, 축사와 신유, 방언과 예언, 기름 부음과 하나님의 영광의 나타남 등이 있었습니다. 그런 성령의 나타남이 급하고 강한 바람처럼 한국 교회를 휩쓸고 지나갔습니다.

성령을 사모하던 수많은 목회자와 성도들은 "어디에 성령의 바람이 불고 있나? 어디에 성령의 기름 부음이 있나?" 하고 미국과 캐나다를 날아다녔고 또 전국 곳곳에 돌아다니며 성령을 체험하고자 애썼습니다. 그 모든 다양한 성령의 나타남을 체험한 후 지금은 모두들 어떻게 해야 할지, 어떻게 살아야 할지, 어떻게 사역해야 할지 길을 못 찾고 있습니다. 그 다음은 무엇일까요?

나는 29세에 성령을 체험하고 21가지 은사를 받아 사역했습니다. 그때 손만 대면 수천 명의 사람들에게 성령이 임하고 방언이 터졌습니다. 귀신이 쫓겨나고 병이 낫고 예언을 했습니다. 안수 받을 때 성령의 권능 아래 쓰러졌고 회개와 변화를 경험했습니다.

그리고 20년이 지난 지금은 조용히 책을 쓰고 있습니다.

왜 그럴까요? 책 쓰기가 성령의 마지막 역사이기 때문입니다.

사도 베드로와 요한도 그랬습니다. 그들은 오순절에 성령을 체험하고 병을 고치고 죽은 자를 살렸습니다. 그림자만 지나가도 병든 자가 일어났고 손수건만 던져도 악귀가 떠나갔습니다. 그들은 수천 명 앞에서 강연했고 하루에 3천 명, 5천 명이 구원 받았습니다. 그런 그들이 마지막에 무엇을 했습니까? 책을 썼습니다.

베드로는 베드로전후서를 썼습니다. 요한은 요한복음과 요한 1,2,3서, 요한계시록을 썼습니다. 바나바의 조카인 마가는 마가복음을 썼고 의사였던 누가는 누가복음과 사도행전을 썼습니다.

사도바울도 다메섹 도상에서 성령을 체험하고 강연하고 귀신 쫓고 죽은 자를 살리고 못 걷는 사람을 일으켰습니다. 여러 지역을 다니며 선교하고 가르쳤습니다. 그런 그가 마지막에는 책을 썼습니다. 로마서, 고린도전후서, 갈라디아서, 에베소서, 빌립보서, 골로새서, 데살로니가전후서, 데모데전후서 등 수많은 책을 썼습니다. 다들 마지막엔 책을 썼습니다. 강연은 일회성이었고 입이 닳도록 반복해야 했지만 책은 영원했습니다.

구약에도 마찬가지였습니다. 호렙산에서 성령을 체험한 모세는 열 가지 재앙을 일으키며 이스라엘 백성들을 애굽왕 바로의 손에서 빼냈습니다. 홍해를 가르고 반석에서 물이 터지게 만들고 만나와 메추라기가 쏟아지게 했습니다. 그러나 결국 마지막에는 창세기, 출애굽기, 레위기, 민수기, 신명기 등 모세오경이라는 책을 썼습니다. 수많은 왕들과 선지자들도 책을 썼습니다.

다윗이 전쟁을 많이 했지만 결국 책을 썼고 솔로몬도 지혜를 받아 책을 썼습니다. 개인적으로나 국가적으로나 시대적으로나 마지막 성령 운동은 책 쓰기입니다. 하나님은 수천 년간 책 전도와 책 선교, 책 양육을 하셨습니다. 성경 기록은 구약 39권, 신약 27권, 총 66권으로 끝났습니다. 더 이상 새로운 계시는 없습니다.

성경은 일점일획이라도 빼거나 더하면 안 됩니다.

우리는 성경 말씀에 기록된 예수 그리스도 복음을 깨닫고 삶에 적용하여 변화된 내용들을 책으로 써내야 합니다. 성경책은 일점일획도 변함없이 그대로 보존해야 하지만 하나님의 최고 방법인 책 전도와 책 선교는 우리도 실천해야 합니다. 아무리 최첨단 방송 매체들이 발달해도 하나님의 방법인 책 전도와 책 선교만큼 막강한 힘을 발휘하는 것은 어디에도 없습니다. 당신도 한국 교회의 마지막 성령 운동에 동참해야 합니다. 책을 쓰십시오.

출판계를 장악하십시오. 지금은 문필 전쟁의 시대입니다.

나는 머뭇거리는 사람들에게 결단하라고 강력히 촉구합니다.

"책은 천년 동안 남고 가문의 영광입니다. 책은 나의 분신이 되어 내 대신 전국과 세계를 다니며 전도하고 선교하고 상담하고 가르치고 제자 삼고 수많은 인생을 바꿉니다. 책 전도와 책 선교에 동참해야 합니다. 책을 한 권 써내는 것은 내 대신 목숨 걸고 복음을 전하는 선교사 수천 명을 파송하는 것과 같습니다. 책을 한 권 써내는 것은 해외에 예배당 100개를 짓는 것과 맞먹습니다."

책은 당신의 분신이 되어 전국과 세계를 돌아다니며 당신 대신 수많은 사람들을 만나 복음을 전합니다. 책 전도와 책 선교보다 더 강력한 것은 없습니다. 당신이 죽고 난 후에도 당신이 써낸 책은 죽지 않고 천 년간 전국과 세계를 돌아다니며 일합니다.

나는 내일 죽더라도 오늘 책 한 페이지를 쓸 것입니다.

책 전도와 책 선교가 가장 가치 있는 일입니다.

온라인 게임을 중단하고 책 쓰기 게임을 하라

당신은 꾸준히 온라인 게임만 하고 있지 않습니까?

온라인 게임은 프로게이머(progamer)가 아닌 이상 생산적인 일이 아닌 소비적인 일입니다. 아무리 열심히 해도 어느 날 공중에서 다 사라집니다. 몇 년간 미친 듯이 게임을 하다가도 오늘 멈추면 남는 것이 하나도 없습니다. 온라인 게임은 그 프로그램을 만든 사람의 손바닥 위에서, 그 사람의 프로그램 상자 안에서 노는 것입니다. 거기에서 빠져나와 생산적인 게임을 해야 합니다.

생산적인 게임은 오프라인에서 책을 쓰는 것입니다.

책을 쓰는 게임보다 더 재미있는 것은 없습니다. 책을 쓰는 것은 당신의 삶과 깨달음을 끄집어내는 것입니다. 책을 쓰는 것은 매일 새롭고 무궁무진합니다. 책은 자판을 두드린 만큼 그대로 남아 있습니다. 그걸 묶어 직접 출간하면 돈을 법니다.

소비적인 온라인 게임을 멈추고 생산적인 책쓰기게임을 하십시오. 당신이 지금 하는 소비적인 게임을 생산적인 게임으로 바꾸지 않으면 죽을 때까지 가난하게 살 것입니다. 소비적인 게임을 완전히 끊고 더 이상 하지 말라는 말이 아닙니다. 취미로 한두 시간 정도 하는 것은 괜찮습니다. 그런데 하루 종일 앉아 게임한다는 것은 그 게임 생산자에게 당신의 인생이 사로잡힌 것이고 그 사람의 노예가 된 것입니다. 당신이 노예처럼 땀 흘리며 열심히 게임할 때 주인인 그 사람은 가만히 앉아 돈을 법니다.

당신은 하나님이 만드신 존귀한 인간입니다. 그런 당신이 게임 프로그램 안에 갇혀 소중한 인생을 하루하루 낭비하면 안 됩니다.

책을 쓰는 작가, 그 책을 묶어 출판하는 사업가가 되십시오.

나는 "어떤 역경이 와도 이 일은 하나님이 원하시는 일이며 수많은 인생을 바꾸고 그들을 행복하게 하는 일이므로 꾸준히 하겠다"는 믿음으로 책을 쓰고 출판하는 일을 하고 있습니다. 출판 사업을 하면서 '힘들다, 고비다'라고 생각한 적은 없었던 것 같습니다. 그만큼 출판 사업은 다른 사업에 비해 안정되고 쉽습니다.

단지 하루, 한 달, 1년이 아닌 100년 마인드로 꾸준히 책을 쓰고 출판 사업을 해야 크게 성공합니다. 이렇게 결심하십시오.

"나는 100년간 꾸준히 책을 쓰고 출판 사업을 하겠다."

하나님의 방법인 책 전도와 책 선교에 동참하라

당신은 책을 써 본 적이 있습니까? 없다고요?

괜찮습니다. 지금부터라도 한 줄이라도 쓰기 시작하면 됩니다.

이것이 '한 줄 마인드'입니다. "당신은 꿈이 있습니까?"라고 한 줄을 쓰고 "나는 꿈이 있습니다"라고 또 한 줄을 쓰면 두 줄이 됩니다. "내 꿈은 책으로 전도하고 선교하는 것입니다"라고 쓰면 세 줄이 됩니다. 책을 쓰는 것은 이렇게 쉬운 것입니다.

당신도 책 쓰기에 도전하십시오. 인생이 바뀝니다.

책을 왜 써야 할까요? 책을 통해 전도하고 선교하기 위해서입니다. 옛날에는 초콜릿과 연필, 설탕과 밀가루를 주면 전도가 되었습니다. 하지만 지금은 그런 것을 줘도 받지 않습니다. 전단지를 나눠줘도 다들 짓밟습니다. 나는 그런 전도를 많이 했습니다. 내가 가진 돈으로 수많은 선물을 사서 나눠주기도 했고 전도지도 수십만 장을 돌렸습니다. 그러나 그들은 감사하며 복음을 받아들이기보다는 오히려 전도하는 나를 비웃었습니다. 선물과 전도지는 하루살이였습니다. 그러나 내가 책을 써내 전국 서점에 유통하자 그들은 내 책을 읽고 열광했습니다. 내 책을 읽고 "하나님의 존재를 알게 되었다. 예수님을 구주로 영접했다. 교회에 등록했다. 진정한 자유와 행복을 얻었다"는 사람들의 소식이 끊이지 않았습니다. 수많은 무신론자들과 율법주의자들이 내 책을 읽고 변화와 자유와 행복, 건강과 부요와 안정을 얻었습니다.

나는 유명 강사로 전국과 세계를 다니며 강연했습니다. 그들은 내가 하는 90분, 120분 강연을 몇 날 며칠간 들었지만 끝나면 금방 잊고 예전의 삶으로 돌아갔습니다. 수천수만 명 중에 내 강연을 듣고 변화되었다는 사람은 한두 명밖에 되지 않았습니다.

왜일까요? 내가 아무리 예수님이 십자가에서 우리 대신 피와 땀과 눈물을 쏟으며 값을 다 지불하고 다 이루었다는 '온전한 복음'을 전해도 강연회가 끝나면 다음날부터 또 '율법주의 가르침'을 듣고 그런 프로그램을 하기 때문입니다. 복음은 자기의 율법주의 행위에 뭘 하나 더하는 액세서리가 아닙니다. 율법주의 신앙을 완전히 내려놓고 처음부터 다시 시작해야 하는 엄청난 대가를 지불해야 하는 것입니다. 복음을 깨달으면 다른 모든 율법주의 행위를 배설물로 여기게 된다고 사도 바울이 말했습니다.

"그러나 무엇이든지 내게 유익하던 것을 내가 그리스도를 위하여 다 해로 여길뿐더러 또한 모든 것을 해로 여김은 내 주 그리스도 예수를 아는 지식이 가장 고상하기 때문이라 내가 그를 위하여 모든 것을 잃어버리고 배설물로 여김은 그리스도를 얻고 그 안에서 발견되려 함이니 내가 가진 의는 율법에서 난 것이 아니요 오직 그리스도를 믿음으로 말미암은 것이니 곧 믿음으로 하나님께로부터 난 의라."(빌 3:7~9)

내 책을 읽은 사람들은 용기를 내어 수십 년간 해 왔던 율법주의 행위를 배설물로 여기고 버리기 시작했습니다.

당신은 어떻습니까? 책의 힘은 어마어마합니다. 책은 종교개혁을 일으키는 가장 좋은 도구입니다. 활자가 선명하게 콱콱 찍힌 책에는 신적인 권위가 있기 때문에 사람들이 일단 책을 읽으면 받아들이고 자신의 생각과 삶을 바꿉니다. 책의 내용대로 하나씩 실천하기 시작합니다. 그래서 나는 내 모든 시간과 비용을 투자해 책 전도와 책 선교를 하는 것입니다. 당신도 예수님을 만나 구원 받았다면, 당신의 삶이 조금이라도 행복해졌다면 당신 혼자만 알고 누리는 것에서 멈추지 말고 책 전도와 책 선교에 동참해야 합니다. 하나님께서 지금 당신에게 말씀하십니다.

"내 사랑하는 아들아, 내가 네 영혼을 위해 천국 복음을 주고, 내가 네 인생을 바꿀 큰 꿈을 주고, 내가 네게 우주 만물을 움직이는 예수 이름의 권세와 성령의 권능을 허락해 주었다. 나는 내 아들 예수 그리스도를 아낌없이 내어 주어 십자가에 매달아 피와 물을 쏟으며 죽게 했다. 이 모든 것은 너 하나만을 위한 것이 아니다. 물론 나는 너 혼자만 있더라도 너를 구원하기 위해 나의 독생자 예수를 보내어 십자가에 매달아 벌거벗겨 죽게 하여 너를 구원했을 것이다. 하지만 그것이 전부가 아니다. 너는 이미 구원을 받았고, 너는 이미 복음을 깨달았고, 너는 이미 천국의 행복을 누리며 살고 있지 않느냐? 그렇다면 네가 거기에 안주할 것이 아니라 네 주위에 있는 사람들을 돌아보고 그들에게도 복음을 전해야 하지 않겠느냐? 그들도 너와 같은 자유와 행복을 누리도록 도와주어야 하지 않겠느냐? 너는 기꺼이 그렇게 하겠느냐?"

우리 함께 "네, 순종하겠습니다"라고 대답하지 않겠습니까?

구원받은 문둥이들이 한 말을 마음에 새겨야 합니다.

"문둥이가 서로 말하되 '우리의 소위가 선치 못하도다. 오늘은 아름다운 소식이 있는 날이어늘 우리가 잠잠하고 있도다. 만일 밝은 아침까지 기다리면 벌이 우리에게 미칠지니 이제 떠나 왕궁에 가서 고하자' 하고……."(왕하 7:9)

지금 우리가 왕궁에 가서 복음을 전하는데 있어 가장 좋은 방법이 '책'입니다. 책은 왕궁이든 초막이든 어디든 갑니다. 나는 어제도 공영 주차장에서 일하시는 아저씨 한 분에게 책을 선물로 드렸습니다. 공영 주차장 관리실은 컨테이너 박스로 지어졌습니다. 내 책을 거기에 두고 돌아가며 읽다가 한 고객이 너무 좋은 책이라며 갖고 싶다고 해서 줬다고 했습니다. 그 책에 날개가 달려 왕궁으로 갈지 누가 압니까?

책은 어린 아이로부터 노인에 이르기까지, 노숙자와 대통령에 이르기까지 누구나 다 좋아하고 귀하게 여기고 펼쳐서 읽습니다. 내 책이 미국과 브라질, 일본과 독일, 중국과 필리핀, 인도와 말레이시아, 어디고 안 들어간 곳이 없습니다. 세계 서점에서 판매되고 있습니다.

나 혼자 행복한 것은 벌써 잔이 넘칩니다. 나만 바라보는 작은 생각을 바꾸어 전 세계를 바라보아야 합니다. 전 세계 70억의 영혼들을 어떻게 복음으로 변화시킬 것인가를 생각해야 합니다. 수많은 전도와 선교 방법이 있지만 그 중에 6000년간 가장 강력한 것이 '책'입니다.

나는 만나는 모든 사람에게 '책의 힘'에 대해 말합니다.

"책은 천 년 동안 남고 가문의 영광입니다. 책은 나의 분신이 되어 내 대신 전국과 세계를 다니며 전도하고 선교하고 상담하고 가르치고 제자 삼고 수많은 인생을 바꿉니다. 책 전도와 책 선교가 가장 긴급하고 중대한 일입니다. 책을 한 권 써내는 것은 내 대신 목숨 걸고 복음을 전하는 선교사 수천 명을 파송하는 것과 같습니다. 만사를 제쳐 두고 책부터 써내십시오. 김열방."

당신도 지금 결단하고 책 전도와 책 선교에 동참해야 합니다.

예수님은 "온 천하에 다니며 만민에게 복음을 전파하라"고 명령하셨습니다. 하나님의 뜻은 당신 혼자 예수 믿고 행복한 것에 있지 않고 온 천하 만민이 복음으로 행복해지는데 있습니다.

우리 모두는 온 천하 만민에게 천국 복음을 전해야 합니다.

제자들은 부활하신 예수님을 만나고도 여전히 두려워했고 그 마음에 예수님께 대한 완전한 믿음을 갖지 않았습니다. 예수님은 그들의 '믿지 않음'과 '마음이 완악한 것'을 꾸짖으셨습니다. 그리고 제발 크게 생각하고 크게 시도하라며 전도 명령을 주셨습니다.

"또 가라사대 너희는 온 천하에 다니며 만민에게 복음을 전파하라. 믿고 세례를 받는 사람은 구원을 얻을 것이요 믿지 않는 사람은 정죄를 받으리라. 믿는 자들에게는 이런 표적이 따르리니 곧 저희가 내 이름으로 귀신을 쫓아내며 새 방언을 말하며 뱀을 집으며 무슨 독을 마실지라도 해를 받지 아니하며 병든 사람에게 손을 얹은즉 나으리라 하시더라. 주 예수께서 말씀을 마치신 후에 하늘로 올리우사 하나님 우편에 앉으시니라. 제자들이 나가 두루 전파할 쌔 주께서 함께 역사하사 그 따르는 표적으로 말씀을 확실히 증거하시니라."(막 16:15~20)

이 말씀을 묵상하면 복음 전도에 대한 큰 꿈을 갖게 됩니다.

"너희는……." 특별한 은사나 직분을 가진 몇몇 목사님만 아닌 예수 믿는 모든 사람들이 복음을 전해야 한다는 말씀입니다. 교회 안에서는 목사님만 설교하고 성도들에겐 그럴 기회가 없습니다. 그러므로 당신이 책을 써내 전도해야 합니다. 책이 당신 대신 전도하고 선교합니다.

"온 천하에……." 하나님이 정해 주신 영역은 한 동네나 한 지역, 한 도시나 한 나라만 아닙니다. 그분은 그렇게 작은 곳에만 머물지 말고 온 천하에 다니라고 하셨습니다. '온 천하'라는 무제한의 영역을 정해주시면서 "너희가 바라보아야 할 땅은 온 천하다"라고 말씀하셨습니다. 내 몸은 하나인데 어떻게 온 천하에 복음을 전합니까? 바로 책 전도에 그 길이 있습니다. 내 책은 지금도 온 천하에 다니고 있습니다.

"다니며……." 가만히 있지 말라는 것입니다. 다니며 복음을 전해야 합니다. 다니는 것을 싫어하는 사람도 있을 것입니다. 하지만 주님의 명령에 즐겨 순종해야 합니다. 생각과 말을 바꿔야 합니다. "나는 다니는 것이 즐겁다. 다니는 것을 즐긴다"라고 말하며 돌아다니기 시작해야 합니다. 그러나 내 몸은 하나이므로 돌아다니는데 한계가 있습니다. 그래서 나는 지금 카페에 앉아 책을 쓰고 있습니다. 내 책은 발이 달려 내 대신 전국을 돌아다니고 날개가 달려 세계를 날아다닙니다.

나도 20년간 강연하러 다녔습니다. 더 많은 강연 일정을 잡으면 더 많은 사람에게 복음이 전해질 거라고 여기고 한 번에 300만 원, 500만 원이나 되는 비용을 들여 이틀이 멀다 하고 신문광고를 펑펑 때리며 더 많은 일정을 빽빽하게 잡았습니다. 그게 최선일까요? 그렇게 일주일 내내 하루에 세 번씩 강연을 뛰면 몸이 파김치가 됩니다. 황수관 박사님이나 신현균 목사님, 피종진 목사님처럼 몇 년 치 빽빽한 강연 일정을 잡고 동에 번쩍 서에 번쩍 뛰어다닌다고 되는 것이 아닙니다. 안타깝게도 그분들은 모두 건강에 해가 되도록 뛰어다니셨습니다. 그게 최선이 아니므로 그분들을 부러워할 필요가 전혀 없습니다.

성령님께서 나로 하여금 그런 다람쥐 쳇바퀴나 더 큰 물레방아 쳇바퀴 돌리는 것을 다 멈추게 하셨습니다. 1년에 한번 정도만 연합집회 강사로 나가기로 하고 부흥회, 세미나, 특강의 모든 일정을 멈추었습니다. 그러면 어떻게 해야 할까요? 그렇습니다.

결국 책 전도와 책 선교였습니다.

하나님은 나로 하여금 분주하게 돌아다니지 않고 조용히 혼자 앉아 책을 쓰게 하셨습니다. 모세가 시내산에서 책을 쓰고 사도 요한이 밧모섬에서 책을 쓴 것처럼, 사도 바울도 셋방에서 자기에게 오는 몇몇 사람을 앉혀 놓고 복음을 전했고 결국 수많은 편지로 책을 썼습니다. 그들은 책을 통해 세대를 초월해 수십억의 영혼을 변화시켰습니다. 현대에는 텔레비전과 인터넷 등 수많은 첨단 매체가 있지만 하나님이 6000년 동안 꾸준히 하신 것은 책 전도와 책 선교입니다. 책은 신적인 전도 방법이며 책 전도는 세상 끝날까지 멈추지 않고 계속됩니다. 당신도 유명세와 바쁜 스케줄이 아닌 책쓰기전도를 하십시오.

"만민에게……." 어린 아이로부터 노인에 이르기까지, 노숙자로부터 대통령에 이르기까지 모든 사람에게 복음을 전해야 합니다. 세상 구석구석에 있는 모든 족속까지 하나도 빠짐없이 복음을 전하여 그들을 제자로 삼아야 합니다. 여기에 가장 좋은 방법은 책쓰기입니다.

"복음을……." 율법주의가 아닌 온전한 복음을 전해야 합니다. 예수님이 십자가에서 피와 물을 쏟으며 "다 이루었다"(요 19:30)는 온전한 복음, 오직 믿음으로 의와 성령을 얻을 수 있다는 온전한 복음을 전해야 합니다. 나는 이런 내용을 책에 거침없이 다 담습니다. 거래처 사람이나 친척을 만나 복음을 이야기하면 '종교 이야기' 한다고 싫어합니다. 하지만 책에는 그런 것을 다 담아도 사람들이 좋아합니다. 나는 내 책에 예수님이 십자가에서 우리 대신 피와 땀과 눈물을 흘리며 값을 다 지불하고 죽으셨다가 사흘 만에 부활하셨다는 내용을 거침없이 다 담습니다. 그런데도 내 책이 무신론자와 불신자들에게도 잘 팔립니다. 내 책을 한 권 사서 읽은 사람은 너무 좋아 나머지도 다 삽니다.

"전파하라." 전파한다는 것은 '자연스럽게 이야기한다'는 의미입니다. 복음 전파를 너무 어렵게 생각하지 말아야 합니다. 성경에서 말하는 예수 그리스도와 그의 십자가에 못 박히신 것, 내 안에 살아 계신 주 예수 그리스도를 만나는 사람마다 자연스럽게 이야기하면 됩니다. "예수님이 우리 대신 십자가에 못 박혀 죽으셨다. 당신이 그분을 믿으면 죄를 사함 받고 하나님의 자녀가 된다. 그분은 지금 내 안에 실제로 살아 계신다. 천국을 소유한 나는 말할 수 없이 행복하다"는 것이 내가 입을 열면 말하는 대화 내용의 전부입니다. 나는 이런 내용을 책에 담습니다. 내가 예수님을 만나 변화되어 행복해진 삶과 깨달음의 내용을 담아 책으로 내는 것이 곧 복음 전파입니다. 너무 쉽고 재미있습니다.

"믿는 사람은 구원을 얻을 것이요 믿지 않는 사람은 정죄를 받으리라"고 했습니다. 우리가 복음을 전파할 때 모두가 믿는 것은 아닙니다. 하지만 그들 중에 믿는 사람은 구원을 받게 되고 우리와 천국같이 행복한 삶을 살게 됩니다. 믿는 사람이 구원 받는 것에 초점을 맞춰야 합니다. 믿지 않는 사람이 정죄를 받는 것은 '자기 인생'입니다. 나는 그들이 믿든 믿지 않든 복음을 전할 뿐입니다. 믿지 않는 사람은 내가 전한 복음을 짓밟고 나를 힘들게 할 것입니다. 그러나 나는 해를 입지 않습니다. 왜일까요? 내가 아닌 내 분신인 책이 순교하기 때문입니다.

오순절에 성령이 임하고 난 다음, 제자들은 담대히 뛰쳐나가서 말씀을 전파했습니다. 그때 주님께서 친히 함께 역사하셨고 따르는 표적으로 말씀을 확실하게 증거하셨습니다. 예수를 구주로 믿는 우리에게는 이미 성령님이 가득히 임해 계십니다. 더 이상 어떤 특별한 능력을 받기 위해 오랜 시간을 울며 기다려야 할 필요가 없습니다. 온 천하에 다니며 만민에게 복음을 전파하기만 하면 됩니다.

성령이 임한 사람은 작은 빵이나 작은 옷을 나눠 주는 작은 일을 하는 것이 아닙니다. 그런 일은 동사무소 직원이나 자선단체에서도 할 수 있습니다. 성령이 임한 사람은 큰 빵과 큰 옷을 나눠 주는 일을 해야 합니다. 큰 빵은 하늘로서 내려온 생명의 빵인 '예수님 빵'입니다. 큰 옷은 하늘로서 내려온 옷인 '그리스도 옷'입니다. "오직 성령이 너희에게 임하시면 너희가 권능을 받고, 내 증인이 되리라"고 했습니다.

우리는 예수의 증인이 되어야 합니다. 어떻게요? 가장 좋은 방법은 책 전도와 책 선교입니다. 나는 집에서 자녀를 양육하지만 책이 내 대신 전국을 다니며 전도합니다. 나는 회사에서 일하지만 내 책이 내 대신 세계를 다니며 선교합니다. 나는 카페에서 책 읽고 아내와 동네를 산책하지만 내 책은 지금도 수많은 사람들을 만나 상담하고 제자 삼고 양육합니다. 책은 분신입니다. 당신의 분신을 많이 만드십시오.

내일로 미루지 말고 오늘 책 전도에 동참하십시오.

행복한 결혼 생활로 인도하신 성령님

당신은 결혼이 무엇이라고 생각합니까?

나는 "결혼은 제 2의 인생의 출발점이다. 인생에 있어 그 무엇보다 중대한 문제다. 한번 결혼하면 100년을 함께 살아야 한다. 그러므로 하나님을 경외하는 사람을 만나 결혼하라"고 말합니다.

절대로 조급하게 아무나 하고 만나 결혼하면 안 됩니다.

결혼 문제에 대해 성령님의 인도하심을 받아라

결혼은 어머니의 배에서 태어나 양육 받으며 20년, 30년을 살다가 배우자를 만나 결혼하여 부모로부터 독립하여 제 2의 인생을 살아가는 기간입니다. 이 기간은 결혼 전보다 더욱 중요한데 70년, 80년, 그 이상을 배우자와 함께 살아가야 되기 때문입니다.

지금은 100세 시대라고 합니다. 120세, 130세를 살 수도 있습니다. 그러므로 결혼하고 100년을 내다봐야 합니다. 결혼하기 이전의 삶과 이후의 삶은 어떤 사람을 만나느냐에 따라 완전히 달라질 수 있습니다. 천국같이 행복한 삶을 살아갈 수도 있고 지옥같이 불행한 삶을 살아갈 수도 있습니다. 이 땅에서의 천국과 지옥이 결혼을 통해 결정된다면 과연 어떤 선택을 해야 할까요?

반드시 최하가 아닌 최고의 선택을 해야 합니다. 최고의 선택은 하나님을 경외하는 사람을 만나는 것입니다. 그렇지 않은 모든 만남에 대해 거절해야 합니다. 그러려면 자기가 주인 행세하지 말고 오직 주인님이신 성령님의 인도하심을 받아야 합니다.

절대로 서두르면 안 됩니다. "성령님, 제가 하나님을 경외하는 사람을 만나게 해주세요"라고 부탁드린 후 그분의 인도하심을 기다려야 합니다. 그분은 당신의 결혼 문제에 대해 지대한 관심을 갖고 계시며 당신이 가장 좋은 배우자를 만나도록 인도하십니다.

부모나 형제, 친척이나 친구의 말을 듣고 결혼해서도 안 됩니다. 그들이 당신의 인생을 살아 주는 것이 아니기 때문입니다.

많은 사람들이 결혼을 하는데 있어 막연히 "아무하고나 만나 결혼하면 되지"라고 말합니다. 외적인 조건을 보고 그것을 기준으로 따지기도 합니다. "이 정도는 돼야 나와 결혼할 수 있어. 내가 원하는 학벌과 부의 조건을 갖춘 사람을 만나 결혼할 거야."

그것은 나의 기준이 될 수도 있습니다. 그리고 그 기준이 행복한 결혼 생활을 보장해 주지 못합니다. 사람의 기준인 돈, 명예, 권세, 학벌, 집안 배경 등은 처음 만났을 때는 영향을 미칠 수 있겠지만, 그런 것들은 언제든지 흔들릴 수 있습니다. 그것들이 계속 유지되어 주면 다행이겠지만 그렇지 못할 경우 결혼 생활이 힘들어져 심한 부부 싸움과 이혼으로 치닫게 됩니다.

그런 외적인 조건들이 전혀 필요 없다는 말이 아닙니다.

당신은 꿈과 소원을 가지고 그런 외적인 조건들까지도 하나님께 구할 수 있습니다. 그러나 가장 중요한 것은 변하지 않는 것 곧 그 사람의 중심이라는 사실을 꼭 기억해야 합니다. 중심이 바른 사람을 배우자로 만나게 해 달라고 하나님께 구해야 합니다.

세상 모든 것은 변합니다. 성경은 "고운 것도 거짓되고 아름다운 것도 헛되다. 모든 육체는 풀과 같고 그 영광이 풀의 꽃과 같다. 풀은 시들고 꽃은 떨어진다"고 했습니다. 그렇다면 변하지 않는 것이 무엇일까요? 오직 여호와를 경외하는 마음인 것입니다.

여호와를 경외하는 남자와 여자가 만나면 가장 행복한 결혼 생활이 보장됩니다. 외적인 조건들은 수시로 변하기 때문에 가난했다가도 부요해질 수 있고, 명예가 없다가도 생길 수도 있고, 병들었다가 건강해질 수도 있습니다. 여러 가지 외적인 것들은 각 사람의 필요에 따라 또는 그가 어떻게 살아가느냐에 따라 그것들이 더해질 수도 있지만 여호와를 경외하는 그 중심만은 더해질 수 있는 것은 아닙니다. 물론, 살다 보면 조금의 변화는 있을 수 있지만 가능하면 처음부터 그 중심이 올바른 사람을 만나야 합니다. 하나님께서 주신 믿음의 분량도 사람마다 다름을 알아야 합니다.

무엇을 가장 소중하게 생각하고 인생의 기준으로 삼아야 할지 잘 생각해야 합니다. 물론 이미 결혼한 사람은 자신이 만난 사람이 가장 믿음이 좋은 남편이고 아내라고 믿고 살아야 합니다.

그러나 당신이 아직 결혼하지 않았다면 그런 외적인 조건보다 더 핵심적인 조건인 '여호와를 경외하는 사람'을 만나게 해 달라고 기도하며 그런 사람을 찾도록 해야 합니다. 성령님을 의지하면 그분이 그런 사람을 만날 수 있도록 인도해 주십니다.

100년 동안 행복한 가정을 꾸려 나가는 비결

당신의 가정은 행복합니까?

나는 정말 천국같이 행복한 가정을 꾸리고 있습니다.

그리스도 안에 있는 부부가 어떻게 하면 행복한 가정을 꾸려 나갈 수 있을까요? 행복한 부부의 필수 조건은 '서로에 대한 믿음'입니다. 서로 믿어 주어야 합니다. 서로 조화를 이루도록 화합해야 합니다. 많은 사람들이 결혼을 하면 금방 희망을 포기합니다.

"이제 결혼했으니 모든 것이 끝난 거야. 부부에 대한 기대는 포기하고 어쩔 수 없이 저 사람과 힘든 인생을 살아야 돼. 이제 1단계로 내가 원하는 결혼은 성취했으니 이제부터는 집과 차를 사고 다른 업적을 이루기 위해 달려가야지. 자녀에게 투자해야지."

많은 사람들이 결혼이라는 하나의 목표를 이루었다며 그걸 제쳐 두고 다음 목표를 위해 정신없이 달려갑니다.

결혼한 후 남자와 여자가 각자에게 주어진 일을 합니다.

자녀와 미래의 목표를 위해 가장 소중한 가정을 희생시킵니다. 사업을 일으키기 위해 밤낮 정신없이 일합니다. 그렇게 몇 년이 지나면서 원하는 집과 차와 거액의 돈을 얻습니다. 하지만 그 모든 걸 이루고 가장 중요한 부부간의 사랑과 우정을 잃고 맙니다.

가장 중요한 것을 놓친 것입니다. 각자 그것을 놓고 '내가 가정을 위해 희생했다'고 생각합니다. 과연 그럴까요?

'내가 이렇게 희생해야 큰 소원을 이루지.'

한편으론 지혜로워 보이지만 큰 착각입니다. 그렇게 눈에 보이는 것을 우선적인 목적으로 삼는 것은 잘못입니다. 새로운 목표를 정하고 달려가는 것은 괜찮지만 가장 핵심적인 목표는 오직 하나님을 경외하는 것이 되어야 합니다. 두 사람의 눈을 하나님께 두고 그분을 사랑하는 마음으로 살아야 합니다. 그럴 때 큰 집을 사거나 큰돈이 들어와도 소유권 문제로 싸우지 않습니다.

하나님은 당신이 원하는 모든 꿈과 소원을 이뤄 주기를 원하십니다. 하지만 그것이 당신의 목적이 되면 안 됩니다. 그보다 더 중요한 하나님과의 관계를 통한 영적인 복을 사모해야 합니다. 하나님과 인격적인 사랑과 친교의 관계를 가지며 항상 그분의 세미한 음성에 귀를 기울여야 합니다. 그분께 순종해야 합니다.

결혼하면 많은 문제에 부딪히고 생각지 못한 위기에 봉착하게 됩니다. 그때마다 하나님께 묻고 그분의 음성에 귀를 기울여야 합니다. "성령님, 이 문제를 어떻게 할까요?"라고 물으면 그분이 세미한 음성으로 당신에게 말씀해 주십니다. 그때 그분의 음성을 듣고 메모한 후에 순종하면 행복한 가정을 만들 수 있습니다.

"너희는 귀를 기울이고 내게로 나아와 들으라. 그리하면 너희의 영혼이 살리라. 내가 너희를 위하여 영원한 언약을 맺으리니 곧 다윗에게 허락한 확실한 은혜이니라."(사 55:3)

부부는 서로를 인격적으로 존중해야 한다

당신은 결혼했는데 혼자 있지 않습니까?

혼자 있지 말고 부부가 함께 있는 시간을 최대한 많이 가져야 합니다. 나는 남편과 함께 있는 시간이 많습니다. 남편과 함께 저녁 식사를 합니다. 남편과 함께 매일 한 시간씩 산책합니다.

우리 집 앞 공원에서는 부부가 다정하게 손잡고 함께 산책하는 모습을 많이 보게 됩니다. 부부는 다른 무엇보다 '함께 있는 시간'을 많이 가져야 합니다. 사랑과 우정이 가장 중요합니다.

우리 부부는 매일 아침 카페에 가서 책을 읽으며 자기 계발을 합니다. 그때는 각자 따로 앉습니다. '하나님 앞에서 단독자'로 시간을 보내는 것이지요. 그렇게 앉아 책을 읽으며 많은 깨달음을 얻습니다. 성령님과 교제를 나누며 그분의 음성을 듣습니다.

그 외에는 많은 시간들을 함께 보냅니다. 함께 산책하고 함께 집에서 텔레비전을 보고 함께 여행합니다. 함께 요리하고 식탁을 차리고 설거지합니다. 함께 사업을 합니다. 혼자 있는 시간을 최대한 줄이고 함께 있는 시간을 최대한 늘리십시오.

창세기 2장 20~24절에 보면, 여호와 하나님께서 아담 혼자 있는 것을 좋아하지 않았다고 했습니다. 아담은 자기에게 나아오는 모든 동물들의 이름을 지어 주었습니다. 그 동물들은 다 짝이 있었는데 아담만 짝이 없었습니다. 하나님께서 말씀하셨습니다.

"아담을 돕는 배필을 만들어야겠다."

그를 깊이 잠재우시고 그 갈빗대 하나를 취하여 여자를 만드셨습니다. 그리고 그 여자를 아담에게로 이끄시며 말씀하셨습니다.

"둘이 연합하여 한 몸을 이루라. 남자가 그 부모를 떠나 그 아내와 연합하라."

에베소서 5장 31절에 "이러므로 사람이 부모를 떠나 그 아내와 합하여 그 둘이 한 육체가 될찌니"라고 했는데 이것은 곧 창세기 2장에 나오는 내용과 동일합니다. 하나님은 아담에게 돕는 배필을 주기 위해 여자를 만드셨습니다. 아담 혼자 있을 때 완벽하지 않았고 하와 혼자 있을 때도 완벽하지 않았습니다. 남자나 여자가 혼자 따로 있을 때는 둘 다 부족한 점이 많은 존재였습니다.

그러나 하나님께서는 남자와 여자를 만나게 하셔서 서로 부족한 점을 보안하며 돕게 하셨습니다. 그로 인해 두 배가 아닌 천배나 더 강해지고 견고해지게 하셨습니다. 한 사람은 천을 당하고 두 사람은 만을 당합니다. 부부의 힘은 엄청나게 강합니다.

나는 예수님을 믿기 전에 "남자와 여자가 평등하다. 남자가 할 수 있는 것은 여자도 다 할 수 있다"고 믿었습니다. 그래서 고등학교 때 내 꿈이 군대에 가는 것이었습니다. 군대에 가서 모든 사람을 지휘하고 싶었습니다. 그 정도로 나는 남녀가 모든 일을 하는데 동등한 능력이 있다고 생각했습니다.

나는 주위 사람들에게 강력히 주장하며 말했습니다.

"여자가 남자들이 가진 모든 권위를 다 행사해야 된다."

그런 내가 예수님을 믿고 처음으로 고꾸라진 것이 바로 이 말씀이었습니다. 창세기를 보는데 2장에서 "하나님께서 여자로 하여금 남자를 돕는 배필로 만들어 주셨다"는 말씀을 읽고 충격을 받았던 것입니다. 내 인생을 바꾸는 큰 깨달음이 왔습니다.

"아, 하나님은 남편과 아내의 관계에 있어 분명한 질서를 주셨구나. 하나님은 여자를 존귀하게 여기시고 남자도 존귀하게 여기시는구나. 하나님이 보시기에 그분의 자녀로는 남자와 여자가 모두 동일하지만, 질서 상으로는 남자를 우위에 두셨고 여자로 하여금 그를 돕는 위치에 두셨구나. 그렇다면 그렇게 살아야지."

그래서 그때까지 외치던 잘못된 주장을 내려놓게 되었습니다.

여자의 머리는 남자이고 남자의 머리는 그리스도라는 것을 분명히 정립하게 되었습니다. 많은 경우에 우리는 하나님께서 말씀하실 때 내 생각을 내려놓고 하나님의 말씀대로 조정해야 합니다.

어떤 이는 그렇게 하지 않고 하나님께 대듭니다.

"아, 자존심 상해. 하나님은 왜 남자와 여자가 동일하다고 하지 않고 그렇게 남자를 위에 두고 여자를 돕는 자로 두신 거야?"

하나님께서 그렇게 정하셨으면 우리는 순종해야 합니다.

우리의 자신이 가진 이성과 경험, 교육과 전통 등 지금까지 생각해 왔던 것과 많이 다를지라도 하나님의 말씀이 임하면 자신의 생각과 삶을 조정해야 합니다. 지금까지 옳다고 생각했던 모든 것을 내려놓아야 합니다. 그래야 행복한 가정으로 바뀝니다.

이것뿐만 아니라 하나님이 레위기를 통해 왕족의 의식주 생활과 성 생활, 대인관계, 교회에서의 사역 방법과 권위 등에 대해 말씀하신 것이 많습니다. 그 모든 것에게 대해 내가 아무리 옳다고 생각해도 하나님께서 말씀하시면 내 주장을 내려놓아야 합니다. 아무리 객관적으로 사회적으로 논리적으로 지식적으로 맞는 것처럼 보여도 하나님께서 말씀하시면 다 내려놓고 말씀을 받아들여야 합니다. 그래야 하나님께서 그 다음에 더 풍성한 것, 더 놀라운 것들로 깨닫고 누리게 하십니다. 내가 처음으로 믿고 누리게 하신 말씀은 바로 남편과의 질서에 대한 것이었습니다.

그리고 난 다음, 내가 결혼했을 때 나는 가정이 천국인 줄로 알았고 정말 5개월 정도는 그랬습니다. 하지만 내가 아기를 가지면서부터 말할 수 없이 남편과 많이 부딪히게 되었습니다. 하나님이 남편을 가정의 지도자로 세우셨고 그로 인한 막중한 책임이 따랐는데, 남편이 마음을 다해 나를 돕지 않았기 때문입니다.

내가 아기를 가져 몸이 힘든데도 남편은 나를 제대로 돌봐 주지 않았습니다. 남편은 아들만 셋 있는 집안에서 자라서 무뚝뚝했고 시어머니도 남자 성격처럼 컬컬하고 호탕한 편이었습니다.

여자는 아기를 가지면 몸이 무거워 가라앉고 자꾸 잠이 오고 힘들어서 많은 시간을 쉬어야 하는데 남편은 그걸 못 봐 주었습니다. 내가 좀 쉬고 있으면 남편은 못마땅하다는 듯이 잔소리했습니다. "여호와를 앙망하는 자는 새 힘을 얻어 독수리가 날개 치며 올라감같이 치솟는 삶을 사는데 왜 낮잠을 자는 거예요?"

그때 같이 신학교를 다니고 있었습니다. 나는 교회에서 유치부 교육전도사로 섬기며 가정 살림을 꾸리느라 한꺼번에 많은 일을 감당하는 중에 아기를 가졌는데 남편은 내가 피곤해서 낮잠을 자는 것을 이해하지 못했습니다. 처음에는 그런 말을 들을 때 서러워 울기도 많이 했습니다. 내가 거기에 대해 말해도 남편은 이해하지 못했습니다. 남편은 어떻게 나를 챙겨야 할지 몰라 힘들어 고민하다가 많은 책을 사서 읽었습니다. '아내를 이해하는 법' '아내를 돕는 법' 등의 책을 읽으며 나를 도와주려고 노력했습니다.

남편의 변화를 위해 구체적으로 하나님께 구하라

당신도 무뚝뚝한 남편 때문에 힘들지 않나요?

왜 그 문제를 놓고 하나님께 구하지 않습니까? 하나님은 그분의 자녀인 당신이 무엇이든지 예수 이름으로 구하면 그분이 직접 일하시므로 그 문제를 완전히 바꾸어 놓겠다고 약속하셨습니다. 그러므로 남편의 구체적인 변화에 대해 산책하면서 입을 열어 한마디만 기도하십시오. 그러면 하나님이 기적을 베풀어 주십니다.

무엇이든지 구하면 다 받습니다. "너희가 기도할 때에 무엇이든지 믿고 구하는 것은 다 받으리라 하시니라. 내 이름으로 무엇이든지 내게 구하면 내가 행하리라."(마 21:22, 요 14:14)

나는 이 문제를 놓고 하나님께 구했고 응답 받았습니다.

하나님은 내가 구한 대로 남편의 생각과 말, 습관을 바꾸어 주셨습니다. 물론 하루아침에 다 바뀌지는 않았지만 그래도 매일 바뀌어 갔습니다. 나는 구한 것을 이미 받았다는 믿음으로 남편에게 구체적으로 "이렇게 해주세요"라고 정중하게 부탁했습니다.

당신도 하나님께 구하고 남편에게 부탁해야 합니다. 그러면 하나님은 응답하시고 남편은 부탁을 들어줍니다. 남편은 금방은 아닐지라도 부탁한 것은 인식이 되기만 하면 반드시 들어줍니다.

남편과 싸우지 말고 토닥토닥 말다툼을 하라

당신은 남편과 싸우지 않나요?

나는 남편과 싸우지 않습니다. 그러나 말다툼은 합니다.

사랑하기 때문에 더 좋은 관계를 위해 말다툼을 하는 것입니다. 사랑하지 않으면 무관심하고 말다툼도 필요 없습니다.

남편과 나는 결혼 초기에 수많은 문제로 부딪혔습니다. 각자 다른 삶을 25년간 살다가 만났기 때문에 서로를 알고 이해하는데도 많은 시간이 필요했습니다. 각각 완전히 다른 환경에서 살다가 같은 환경으로 들어오니까 하나에서 열까지 다 부딪혔습니다.

부부가 서로 사랑한다면 결혼 초 3년 정도는 종종 다투기 마련입니다. 큰 언니도 우리 가정을 보면서 신학생 가정이니까 전혀 싸우지 않는 줄로 알았다고 말했습니다. 과연 그럴까요?

"너희 가정은 절대로 싸우지 않지? 거룩함 그 자체지?

"언니는……. 왜 안 싸우겠어? 많이 싸워."

사실 우리는 싸우지 않고 다툽니다. 그런 마찰과 말다툼을 통해 서로의 생각이 조정되기 때문입니다. 그 수많은 다른 생각들과 환경들이 하나의 생각과 환경으로 연합되려면 충돌이 있을 수밖에 없습니다. 그런데 중요한 것은 그러한 충돌 후에 거기에서 끝나면 안 된다는 것입니다. 반드시 분을 풀어야 합니다.

나는 남편과 실랑이를 벌일 때 끝까지 다투면서 나의 주장을 펼칩니다. 남편도 남편대로 자기주장을 끝까지 펼치기 때문입니다. 그렇게 불같이 다투다가도 잠자기 전에는 꼭 화해합니다.

분을 내어도 죄를 짓지 말며 해가 지도록 분을 품지 말라

당신은 남편과 분방한 적이 없습니까?

하루는 내가 남편과 다툰 후에 그냥 잠자리에 들려고 하는데 주님께서 에베소서 4장 26절에 나오는 "분을 내어도 죄를 짓지 말며 해가 지도록 분을 품지 말라"는 말씀을 떠올려 주셨습니다.

그날은 말할 수 없이 화가 치밀어 올라 그 감정을 어떻게 자제할 수가 없을 지경이었는데 주님께서 그렇게 말씀하시니 어떻게 해야 할지 난감했습니다. 그러나 말씀이 주어지면 순종해야 되기 때문에 일단 분을 풀기 위해 남편에게 다가가 미소를 지으며 쿡 찔렀습니다. 그러자 삐진 남편도 입을 열어 말하기 시작했습니다.

싸울 때는 서로의 생각을 조정하기 위해 엄청나게 부딪히며 대립했지만 주님께서 그것을 풀라고 말씀하시면 어떻게든 풀어야 됩니다. 그래서 나는 남편이 피곤하다며 침대에 누웠지만 그를 찔러 깨우고 일으켰습니다. 그리고 대화를 통해 다 풀고 잠자리에 들었습니다. 지금까지 한 번도 풀지 않은 적은 없습니다.

다툼은 왜 필요할까요? 다툼을 통해 서로의 생각과 원하는 것을 정확히 알게 되기 때문입니다. 그리고 잠자기 전에 분을 푸십시오. 분을 풀면 서로 화해하게 됩니다. 그것을 계속 품고 끝까지 싸워 이기려고 하면 문제가 커지게 됩니다. 부부 싸움은 결코 승자와 패자가 없습니다. 함께 이기고 함께 져야 합니다.

"저 사람은 나에 대해 반대하고 있어. 나와 생각이 달라" 하며 그 문제를 가지고 며칠 또는 몇 달 동안 말하지 않고 지낸다면 그 결과는 비참해집니다. 아무것도 아닌 사소한 것을 가지고 목숨 걸고 싸우다가 이혼까지 가는 경우가 번번이 발생합니다.

모든 대인 관계에서의 '이기는 처세술'은 간단합니다. '사소한 것에 목숨 걸지 마라. 사소한 것을 내주고 큰 것을 얻으라."

결혼 초기에 어느 정도 다투지 않는 부부는 거의 없습니다.

다투긴 하되 그것을 저녁까지 품거나 다음날까지 가서는 안 됩니다. 그날 밤에 어떻게든 풀어야 합니다. 그래야 마귀가 틈타지 못합니다. 에베소서 4장 26~27절에 이렇게 말씀합니다.

"분을 내어도 죄를 짓지 말며 해가 지도록 분을 품지 말고 마귀로 틈을 타지 못하게 하라."

하나님은 대화를 통해 부부가 서로의 의견을 조절하므로 더 큰 조화와 화합을 이루게 하셨습니다. 한 사람이 천을 당하고 두 사람이 만을 당한다고 했습니다. 한 사람도 큰일을 하지만 부부가 마음을 합하면 더 큰 일을 할 수 있습니다. 부부가 동업하되 하나님이 세우신 질서를 존중해야 합니다.

나도 결혼하기 전부터 지금까지 동일하게 교회에서 교역자로 하나님의 말씀을 전파하는 사역을 해 왔습니다. 나름대로 열정적으로 사역을 해 왔던 것입니다. 청년부 성경 공부도 이끌고 주일학교를 맡아 아이들 앞에서 설교하기도 했습니다. 그러나 남편과 결혼하고 대화를 나누면서 하나님의 말씀을 더 풍성히 깨닫게 되었습니다. 내 마음은 정말로 백배 이상의 깨달음을 얻었습니다.

그리고 난 후에 교회를 개척하게 되었습니다. 그것도 신학교를 졸업하기 전이었는데, 처음에 사람들이 몰려와 김열방 목사님과 상담하는 중에 분명히 성령님께서 내 마음에 똑똑히 알아듣도록 세미한 음성으로 말씀하셨습니다. '너는 잠잠히 가만있어라. 남편이 말을 할 때 너는 잠잠히 가만있어라.'

그 말씀을 듣는데 내 기분이 썩 좋지 않았습니다. 나도 복음에 대해서는 어느 정도 알고 있다고 생각하는데 그런 말씀을 하셨기 때문입니다. 나는 하나님께 항의했습니다.

"저도 남편 못지않게 나름대로 확신을 갖고 있어요. 저는 지금 신학교에서도 신학생들을 모아 놓고 성경 공부를 가르칠 정도로 복음과 성경에 대해 많은 것을 알고 있단 말이에요. 남편이 상담을 잘하긴 하지만 그래도 가끔씩은 답답하게 느껴질 때가 있단 말이에요. 제가 남편의 상담을 거들면 안 될까요?"

그런데 성령님께서 그러지 말라고 정확하게 내게 말씀하셨습니다. 그렇게 잠잠히 참아 기다리라는 말씀을 듣는 순간, 내 가슴이 얼마나 미어지는지 정말 답답했습니다. 말을 하고 싶은데 성령님께서 내 입을 막으신 것입니다. 남편이 없을 때는 사람들과 대화를 나누고 상담하는 것을 내 마음대로 할 수 있었습니다. 그러나 남편과 함께 어떤 사람을 만날 때는 대화의 주도권을 남편에게 주라고 성령님께서 단호하게 말씀하신 것입니다.

성령님께서 말씀하시면 순종해야 합니다. 어떤 일이 있어도 나는 나서지 않고 참아 기다렸습니다. 김열방 목사님이 내게 "사모님도 한 마디 하세요"라고 하면 그제야 말을 꺼냈습니다.

나는 성령님과 친밀한 관계를 갖고 있지만 그분의 음성에는 늘 두려워하는 마음으로 철저하게 순종합니다. 그렇게 가만히 있으니까 어떤 사람은 내가 꿀 먹은 벙어리처럼 말을 못하는 줄 알고 무시하기도 했습니다. 나는 남편과 함께 있을 때는 아무 말도 하지 않고 가만히 있다가 다른 사람과 단 둘이 있을 때는 그들의 질문에 대답해 주곤 했습니다. 그런 잠잠한 나의 모습 때문에 사람들로부터 오해도 받고 엉뚱한 고난을 받기도 했습니다.

그래도 지금 생각하면 모두 감사한 일뿐입니다. 지금도 나는 남편과 함께 있을 때는 한 마디도 하지 않는 편입니다.

"그러면 많은 경우에 자존심 상하지 않나요?"

자존심이 밥 먹여 주는 것이 아닙니다. 자존감이 밥 먹여 줍니다. 자존심은 "내가 누군데? 나도 한 마디 해야 되겠어"라며 자기가 주인 행세하며 나서는 것입니다. 그에 비해 자존감은 "나는 존귀한 사람이야. 가만히 있어도 존재감이 있어"라고 믿는 것입니다. 자존심에는 엄청난 가격표가 붙어 있기 때문에 그 값을 다 치려야 합니다. 자존심 때문에 보증을 잘 못 서서 수억의 돈과 아파트를 날리기도 하고 평생 남편에게 구타당하기도 합니다.

자존심을 버려야 큰 복을 받습니다. 마리아처럼 "나는 주의 계집종이오니 주의 말씀대로 내게 다 이루어지기를 원합니다"라는 태도를 가져야 합니다. 사람 앞에서 큰 자가 되려고 하지 말고 하나님 앞에서 큰 자가 되어야 합니다. 성경에 나오는 가장 큰 선지자인 엘리야와 세례 요한은 하나님의 눈에 큰 자였다고 했습니다.

똑똑한 아내가 남편 앞에서 자신을 낮추면 무시당하고 짓밟히는 것이 아니라 오히려 존중 받고 사랑 받고 대우 받습니다. 남편을 자신보다 낫게 여기십시오. 그게 하늘의 지혜입니다.

"아무 일에든지 다툼이나 허영으로 하지 말고 오직 겸손한 마음으로 각각 자기보다 남을 낫게 여기라."(빌 2:3)

율법주의에 푹 절어 있던 남편을 변화시키신 성령님

당신의 남편은 율법주의에 절어 있지 않습니까?

율법주의자는 자기 기준으로 남을 판단하고 정죄하고 심판합니다. 그런 남편과 살면 숨도 제대로 못 쉽니다. 매일 불행합니다.

"나는 하루에 일곱 시간 기도하는데 당신은 왜 안 해?"

"나는 새벽기도회에 한 번도 안 빠지는데 왜 당신은 빠져?"

"나는 12단계 훈련을 다 받았는데 왜 당신은 안 받아?"

"당신이 문제야. 당신은 게을러서 영적인 잠을 자고 있어."

"당신의 행위가 부족해서 우리 일이 제대로 안 되는 거야."

그렇지 않습니다. 오히려 율법주의 악인 때문에 저주가 임하여 모든 일이 실패하고 안 되는 것입니다. 복음 안에 있는 사람은 잔잔한 물가에서 쉬는데도 그 하는 일이 다 형통한다고 했습니다.

율법주의자가 온 집안을 지옥으로 만들고 교회를 망칩니다.

나는 예수님을 믿자마자 복음적인 신앙생활을 계속 해 왔기 때문에 율법주의가 무엇인지 전혀 몰랐는데 남편을 만나면서 율법주의를 접하게 되었습니다. 남편을 통해 영성 훈련이니, 시간 채우기 기도니 하는 것들을 알게 되었습니다. 그로 인해 남편과 굉장한 갈등이 있었습니다. 복음을 깨닫고 누리는 사람은 성령님께서 보여주심으로 율법주의가 무엇인지 분명히 알게 됩니다.

"저것이 율법주의구나. 잘못되었구나."

사람들과의 만남, 공동체의 모임 등에서는 한 마디도 하지 않고 가만히 있다가 집에 가면 남편과 다투었습니다. 남편을 향해 하나씩 따지며 잔소리하듯 말했습니다.

"당신은 그렇게 가르치면 안 돼요. 또 그런 것은 하나님이 기뻐하시는 말과 행동이 아니에요. 그리고 율법주의 잘못된 가르침은 사람들을 힘들게 굴레 씌우는 것이에요. 제발 하지 마세요."

그러자 남편이 화를 내며 말했습니다.

"모든 사람이 내게 아군인데 당신만 적군인 것 같다. 왜 내가 하는 말과 행동을 그렇게 마음에 안 들어 해? 모든 사람이 다들 좋다고 찬성하는데 왜 아내인 당신만 내게 반대해?"

하지만 나는 그렇게 할 수 밖에 없었습니다. 그래야만 남편이 올바른 길을 갈 수 있기 때문이고 남편이 하나님께 인정받는 길이고 그와 동시에 내가 진정으로 아내로서 남편을 돕는 길이었기 때문입니다. 한 집안에서 부부가 복음 때문에 원수가 되었습니다.

"아들이 아버지를 멸시하며 딸이 어머니를 대적하며 며느리가 시어머니를 대적하리니 사람의 원수가 곧 자기의 집안사람이리로다."(미 7:6)

하지만 어느 정도 세월이 지나자 하나님은 결국 내 기도에 응답하셨습니다. 남편이 성령님과 함께 산책하다가 "예수님이 십자가에서 다 이루었다"는 온전한 복음을 깨닫게 된 것입니다. 지금은 너무나 자유하고 행복합니다. 우리 가정이 천국이 되었습니다.

당신의 남편도 반드시 바뀔 것입니다.

당신의 남편도 반드시 변화된다고 믿어라

당신도 율법주의 남편 때문에 미칠 듯이 괴로운가요?

하나님이 당신의 기도를 들으시고 남편을 변화시킬 것입니다.

여호와 앞에 잠잠히 참아 기다리십시오. 응답이 올 것입니다.

"여호와 앞에 잠잠하고 참고 기다리라. 자기 길이 형통하며 악한 꾀를 이루는 자 때문에 불평하지 말지어다."(시 37:7)

나는 이 말씀대로 수많은 날들을 잠잠하고 참아 기다렸습니다.

남편의 변화를 위해 하나님께 기도하고 구한 다음 받았다고 믿고 조금도 의심하지 않았습니다. 그러자 기적이 일어났습니다.

많은 아내들이 실수하는 것이 있습니다. 하나님이 정해 놓은 질서 곧 남편이 아내의 머리라는 것을 인정하지 않고 무시한다는 것입니다. 밖에 나가면 다른 사람들 앞에서 남편을 무시하거나 짓누르는 말과 행동을 하므로 남편을 비하시키는 경우가 많습니다. 그리고 남편의 잘못을 다른 사람이 있는데서 마구 지적합니다. 그렇다면 결국 그 욕이 누구에게로 돌아오겠습니까?

남편이 아닌 자기 자신에게 돌아오게 되는 것입니다.

아내뿐만 아니라 남편도 마찬가지입니다. 아내와 함께 상담하러 오는 많은 남편들을 살펴보았는데 그들이 자기 아내를 아주 무시하고 천덕꾸러기 취급하는 것을 보았습니다. 결국 그렇게 자기 아내를 천대하면 자기가 높아집니까? 자기가 멋있어집니까? 아내를 하찮게 여기면 자기가 사람들에게 존중받습니까? 전혀 그렇지 않습니다. 그것은 오히려 자기 얼굴에 침 뱉기와 같습니다.

분명히 기억해야 할 것이 있습니다. 싸움을 하든, 질타를 하든, 충고를 하든, 욕을 하든, 그 모든 것을 자기 집 방 안에 들어가서 해야 한다는 것입니다. 아이들 앞에서도 절대로 하지 말아야 합니다. 나는 남편에게 해야 할 말이 떠올랐을 때 남편을 방에 데리고 들어가서 말합니다. 남편도 내게 그렇게 합니다. 그렇게 방문을 닫아 놓고 단 둘이서 대화하며 풀어 나가는 것이 지혜입니다.

부부는 방에 들어가 문을 닫아 놓고 아무도 없는 데서 서로에게 해야 할 말을 하면서 잘잘못을 가리고 고쳐야 할 점을 지적해 주어야 합니다. 그걸 왜 다른 사람들이 있는데서 떠벌립니까? 그것은 울타리를 허무는 것처럼 어리석은 짓입니다. 내가 내게 말겨진 영역을 허물고 다른 사람에게 아무렇게나 침범해 들어올 수 있도록 열어 놓는 것과 마찬가지입니다.

행복한 부부 생활을 하려면 하나님께서 정해 주신 영역을 지키면서, 다른 사람들 앞에서 남편과 아내가 서로를 존중해야 합니다. 다른 사람들 앞에서 부부가 서로를 존중해야 한다면, 집안에서도 당연히 그렇게 해야 하지 않겠습니까? 자녀 앞에서 남편을 무시하지 마십시오. 존중하십시오. 그래야 자녀도 남편을 존중할 것입니다. 남편도 아내에 대해 모든 일에 존중해야 합니다.

부부 관계의 모든 것을 외부와 차단하고 보호하십시오.

"너는 네 우물에서 물을 마시며 네 샘에서 흐르는 물을 마시라. 어찌하여 네 샘물을 집 밖으로 넘치게 하며 네 도랑물을 거리로 흘러가게 하겠느냐? 그 물이 네게만 있게 하고 타인과 더불어 그것을 나누지 말라. 네 샘으로 복되게 하라 네가 젊어서 취한 아내를 즐거워하라. 그는 사랑스러운 암사슴 같고 아름다운 암노루 같으니 너는 그의 품을 항상 족하게 여기며 그의 사랑을 항상 연모하라."(잠 5:15~19)

부부가 서로 다르다는 것을 알고 존중해야 한다

당신은 남편의 어떤 점이 마음에 안 듭니까?

남편의 어떤 점 때문에 화가 나고 짜증이 납니까?

부부는 성격도 다르고 생각도 다릅니다. 꿈도 재능도 은사도,

모든 것이 다 다를 수밖에 없습니다. 성격이 똑같은 사람이 부부로 만나는 경우는 거의 없습니다. 겉으로 보기에는 비슷해 보이는데, 속으로 들어가 보면 성격도 은사도 정 반대인 경우가 많습니다. 음식이나 좋아하는 취미 생활이 같을 수도 있겠지만 전혀 다를 수도 있습니다. 이때 서로를 존중해야 합니다. 내 것만 소중하다면서 너무 강하게 주장하다 보면 상대방을 짓밟게 됩니다.

그렇게 하면 풍성한 결혼 생활을 할 수 없습니다.

부부가 서로가 다르다는 것을 인정하고 존중해야 합니다.

"남편과 나는 재능도 취미도 은사도 다르다. 하지만 이처럼 다른 것이 연합하고 조화를 이루어 백배로 더 큰 힘을 발휘한다."

그렇습니다. 남편과 나는 은사가 다릅니다.

하나님께서 내게는 특별히 '영분별의 은사'를 주셨습니다.

은사는 성령님이 나타내시는 것이며 그분이 필요에 따라 행하시는 것입니다. 그분은 내가 사람들의 얼굴 표정만 봐도, 그들의 말 한두 마디만 들어도 영적인 상태를 정확하게 분별하게 하십니다. 처음에는 '내가 사람들을 판단하는 건가?' 하고 고민을 많이 했었는데 알고 보니 성령님께서 내게 영분별의 은사를 아주 강하게 나타내신 결과였습니다. 영분별의 은사는 매우 중요합니다.

많은 사람들이 옳지 못한 중심으로 남편 김열방 목사님에게 다가올 때 성령님께서는 그것을 나로 하여금 분별하게 하십니다.

나는 영을 분별하고 "그 사람을 조심하라"고 말합니다.

내면적인 것이나 교회 행정과 운영 상황에 대해서도 어느 정도까지만 공개하고 더 이상 하지 말라고 말해 줍니다. 관계를 맺는 것도 사적으로 너무 친해지지 말고 거리를 두라고 요청합니다.

목회를 하면서 '인간적인 관계를 맺는 것'은 백해무익합니다.

당신이 사업가라면 이 말을 꼭 기억해야 합니다.

"상사든 부하든 인간적인 관계를 맺는 것은 백해무익하다."

성령님과 친밀한 관계를 맺고 그분의 음성에 항상 귀를 기울여야 합니다. 그러면 문제가 생기지 않습니다. 지금은 이러한 영분별의 은사가 남편에게도 동일하게 나타나고 있습니다. 내가 말하지 않아도 남편이 알아서 잘 분별하고 사람들을 대합니다.

당신도 혈통의 뜻과 육정의 뜻과 사람의 뜻을 멀리해야 하나님이 기뻐하십니다. 모든 일에 성령님의 인도를 받으십시오.

김열방 목사님은 '믿음의 은사'가 강하게 나타나고 있습니다. 그런 '믿음의 은사'가 내게도 전염되어 동일하게 나타나고 있습니다. 이처럼 다른 은사와 재능들이 서로를 존중하고 믿어 줄 때 큰 힘을 발휘합니다. 하나님은 각양 은사들이 조화를 이루어 더 근사하고 견고하고 풍성한 열매를 맺게 하십니다. 그러므로 서로 믿고 각자의 영역을 존중해야 합니다. 부부가 서로의 강점은 존중하고 약점은 도와야 합니다. 자신과 다르다고 비웃고 정죄하고 비판하고 심판하지 마십시오. 약한 점이 보이면 도와주십시오.

"집안일은 여자만 해야 돼. 남자가 할 필요가 없어."

"바깥일은 남자만 해야 돼. 여자가 할 필요가 없어."

그렇지 않습니다. 서로 도와야 합니다. 바깥일이든, 집안일이든 필요에 따라 서로 협력해야 합니다. 서로 짐을 져야 합니다.

부부는 어떤 경우에도 적이 아닌 아군이다

당신은 남편을 적으로 여깁니까? 아군으로 여깁니까?

나는 내 남편을 아군으로 여깁니다. 그러므로 필요할 때마다 도움을 부탁합니다. 도움을 요청할 때는 구체적으로 해야 합니다.

"이 부분을 구체적으로 도와주세요"라고 부탁하십시오.

어려울 때 가장 크게 위로하고 위로받을 수 있는 사람이 누구겠습니까? 부부입니다. 부모님과 친구들은 진정한 위로가 될 수 없습니다. 오직 한 몸인 부부만이 서로를 위로할 수 있습니다.

베드로전서 3장 7절에 아내를 귀하게 여기라고 했습니다.

"남편들아, 이와 같이 지식을 따라 너희 아내와 동거하고 그를 더 연약한 그릇이요 또 생명의 은혜를 함께 이어받을 자로 알아 귀히 여기라. 이는 너희 기도가 막히지 아니하게 하려 함이라."

그리고 어떤 부분들은 양보해야 합니다. 때로 서로 간의 의견에 심한 충돌이 오기도 합니다. 그때 내 주장과 고집만 내세운다면 결코 화합할 수 없습니다. 자기가 생각하는 것과 좀 다르다고 할지라도 상대방의 입장에 서서 이해하려고 노력해야 합니다.

"내가 양보하는 것이 더 좋겠구나."

그 순간은 내가 좀 손해 보는 같지만 전체를 볼 때 그렇게 하는 것이 더 유익할 수 있습니다. 진리 문제만 아니라면 무작정 싸우지만 말고 서로 양보하면서 화합해야 합니다. 많은 경우에 나는 남편에게 부탁합니다. 하나에서 열까지 부탁합니다. 다른 어떤 사람보다 더 많은 부탁을 합니다. 요즘은 남편에게 잔소리할 일이 거의 없어 심심합니다. 하루는 남편에게 이렇게 말했습니다.

"내 힘은 잔소리하는 것 같아요. 내 잔소리를 통해 당신의 삶이 더 풍성해지잖아요. 그렇죠? 그런데 요즘은 당신이 모든 일을 지혜롭게 잘하니까 잔소리할 일이 없어서 내가 심심해요."

때로는 생활하면서 아주 사소한 부분까지 남편에게 부탁할 때가 있습니다. "내게 이렇게 해 주세요" "내게 이렇게 표현해 주세요" "내게 이렇게 말하고 행동해 주세요"라며 지극히 작은 부분에서 큰 부분까지 다 부탁합니다. 남편도 내게 원하는 것들을 구체적으로 부탁합니다. 나는 남편에게 사소한 것들을 부탁하지만, 남편은 설교와 대화를 통해 큼직한 것들을 부탁합니다.

꼭 바뀌어야 할 부분은 포기하지 말고 끝까지 부탁하라

당신은 부탁하다가 지쳐 포기한 적이 없습니까?

어떤 것은 부탁할 때 오랜 세월이 걸리는 것도 있습니다. 1년, 10년, 100년이 걸리는 것도 있습니다. 그래도 부탁해야 합니다.

부탁하는 것이 힘들고 오래 걸릴 때도 있습니다. 1분이나 한 시간 만에 부탁하는 것도 있지만, 어떤 것은 한 달 내지 1년, 10년, 100년이 걸리는 경우도 있습니다. 나는 내가 생각하기에 분명히 남편의 어떤 것을 바꿔야 되겠다 싶은 것이나, 꼭 인식시켜야 되겠다 싶은 것이 있으면 몇 년이 걸리더라도 포기하지 않고 계속 부탁합니다. 그래도 안 바뀌면 주님께 말씀드립니다.

"주님, 이젠 지쳤어요. 포기할래요. 제가 언제까지 이 부분에 대해 남편에게 계속 요청해야 하나요? 싫어요. 그만 할래요."

하루는 아침에 성령님께서 내게 말씀하셨습니다.

"천국은 침노하는 자의 것이다. 침노하는 자가 빼앗는다. 네 남편의 마음을 끝까지 침노해라."

그 말씀을 들은 후에 나는 결심했습니다.

"알겠습니다. 절대로 침노하는 것을 포기하지 않겠습니다."

나는 계속 요청했고 남편은 변화되기 시작했습니다. 나는 단지 내 욕심을 따라 요청하는 것이 아니라 성령님께서 보여주시고 바꾸라고 말씀하시는 부분에 대해 요청하는 것입니다. 성령님께서 요청하게 하실 때는 포기하지 말고 끝까지 요청해야 합니다.

물론 삶이나 행동 등 많은 부분들에 대해 각 사람의 스타일이 있기 때문에 인정해야 합니다. 그것까지 다 바꾸어 내가 원하는 인형 같은 모습으로 남편이나 아내를 만들려고 하면 안 됩니다.

많은 경우 있는 그대로를 인정하고 존중해야 합니다. 그러나 신앙적인 부분에 있어, 또는 정신적인 부분에 있어, 그리고 가정과 공동체 전체에 나쁜 영향을 미치는 부분에 있어서는 반드시 깨닫고 바꿔야 합니다. 성령님이 말씀하시고 지적하시고 분명히 깨닫게 하시면 그 부분을 조정해야 합니다. 자기 고집을 갖고 밀고 나가면 공동체 전체가 큰 어려움을 겪게 되기 때문입니다.

나는 주변의 많은 분들을 보면서 아내가 남편을 포기하거나 남편이 아내를 무시하는 것을 종종 발견했습니다. 그러면 결코 행복한 삶을 얻을 수 없습니다. 하나님은 완전히 다른 두 사람이 만나 하나가 되게 하셨습니다. 그러기 때문에 하나가 된다는 것은 자기에게 맡겨진 영역을 지키면서도 서로 양보하고 조정하므로 조화를 이루어 갈 때만 가능한 것입니다.

그러므로 행복한 결혼 생활을 하려면 성령님께서 말씀하실 때 순종해야 합니다. 성령님께서 어떤 부분을 분명히 인식시켜 주시면서 고치라고 할 때는 자기의 고집을 내려놓고 고쳐야 합니다.

부부는 성령 안에서 동업해야 합니다. 부부가 믿음으로 하나가 되어 하나님의 나라를 위해, 가정과 직장, 교회 공동체를 위해 모든 것을 함께 꾸려 나가야 합니다. 더 풍성하고 행복한 결혼 생활을 꿈꾸십시오. 나는 행복한 결혼 생활을 영원히 누릴 것입니다.

하루 종일 성령님과 함께 숨 쉬며 생활하라

당신은 하루 종일 성령님과 함께 생활합니까?

나는 매순간 성령님을 존중히 모시고 그분과 함께 생활합니다.

나는 아침에 일어날 때, 저녁에 잠자리에 들 때 내 앞에 실제로 임재 해 계신 성령님께 이렇게 고백합니다.

"주님. 감사합니다. 주님, 사랑해요. 저는 행복해요."

성령님을 모시면 가정에 큰 변화가 옵니다. 눈에 보이지 않지만 성령님이 실제로 일하시기 때문입니다. 기적이 일어납니다.

당신의 남편이 힘들게 하고 있습니까? 주님을 믿지 않습니까?

성경에는 "주 예수를 믿으라. 그리하면 너와 네 집이 구원을 얻으리라"고 했습니다. 현실적으로 볼 때는 남편이 교회에 나가고 있지 않지만, 당신이 예수를 믿을 때 당신의 가정에 구원이 임했다고 믿어야 합니다. 당신의 남편이 구원받고 교회에 나오는 그 때와 시간은 하나님께 달려 있습니다. 당신이 할 수 없습니다.

당신이 할 수 있는 것은 남편을 위해 기도하는 것입니다.

기도는 밤낮 엎드려 울며 비는 것이 아닙니다. 마가복음 11장 24절에 "너희가 무엇이든지 기도하고 구하는 것은 받은 줄로 믿으라. 그리하면 그대로 되리라"고 했습니다. 그러므로 한 번 기도하고 구한 것은 받았다고 믿고 하나님께 완전히 맡겨야 합니다.

그리고 원망 대신 매일 감사하는 마음으로 생활해야 합니다. 그러면 하나님이 어느 날 당신이 기도한 대로 남편의 마음에 기적을 일으키십니다. 그러므로 이미 구원받은 신실한 하나님의 사람이 된 것처럼 남편을 존중해야 합니다.

어떤 남편이든 자기 아내에게 존중받고 싶어 합니다. 그런데 아직 예수를 안 믿는다고 해서 "저 마귀 새끼 어쩌고……" 하면서 남편을 경멸하면 그 남편이 구원받을 길이 막히게 됩니다. 비록 믿지 않는 남편과 결혼했고 그동안 불행한 시간들을 보냈지만 오늘부터라도 믿음의 눈으로 남편을 바라보아야 합니다. 믿음은 바라는 것들의 실상이요 보지 못하는 것들의 증거라고 했습니다.

당신의 남편을 하나님의 장군으로, 하나님의 자녀로, 하나님의 황태자로 존중하십시오. 그러면 남편이 당신의 존중하는 행동을 통해 예수님을 믿고 교회에 나오게 됩니다. 남편이 예수님을 믿는데 아직 믿음이 연약하다고요? 그런 남편이라도 존중해야 합니다. 사람의 기준으로 볼 때 믿음이 연약한 것처럼 보이지만 하나님의 기준에서 볼 때는 믿음이 연약하지 않을 수도 있습니다.

겉으로 볼 때 열정적이거나 활기차 보이지 않는다고 남편의 믿음을 함부로 판단하면 안 됩니다. 보통 겉으로 볼 때 뜨거우면 자신이나 주위 사람들이 믿음이 좋을 것이라고 여기는데, 진짜 믿음은 큰 시련을 당했을 때 어떻게 지혜롭게 잘 헤쳐 나가고 끝까지 흔들림 없이 하나님을 의지하는가에 달려 있습니다.

"우리 남편은 믿음이 없는 것 같아."

그것이 사람의 기준, 율법적인 기준일 수 있습니다.

하나님께서 남편을 가정의 지도자로 세우셨기 때문에 가만히 보면 그의 말 한마디마다 믿음이 담겨져 있음을 발견하게 됩니다.

하나님의 꿈을 갖고 하나님 앞에서 무던히 생활하는 남편들이 많습니다. 그러므로 집에 있는 믿음이 연약해 보이는 남편일지라도 하나님께서 그를 가정의 지도자로 세우셨다는 것을 인정하고 존중해야 합니다. 가정에서 남편을 황태자처럼, 왕처럼 떠받들고 모시도록 하십시오. 그러면 남편이 힘을 얻습니다.

"아내들아, 이와 같이 자기 남편에게 순종하라. 이는 혹 말씀을 순종하지 않는 자라도 말로 말미암지 않고 그 아내의 행실로 말미암아 구원을 받게 하려 함이니 너희의 두려워하며 정결한 행실을 봄이라."(벧전 3:1~2)

남편을 위해 자신의 외모를 아름답게 꾸며라

당신은 누구를 위해 몸을 아름답게 꾸밉니까?

당신의 남편입니까? 아니면 바깥의 다른 사람들입니까?

외모를 꾸미는데 대한 부정적인 말씀이 있습니다. "너희 단장은 머리를 꾸미고 금으로 차고 아름다운 옷을 입는 외모로 하지 말라."(벧전 3:3) 그러나 이 구절을 전후 문맥으로 잘 이해해야 합니다. 이걸 읽고는 집안에서 추리하게 있는 여자들이 많습니다. 인생 다 산 것처럼 세수도 안 하고 머리도 안 빗고 화장도 안하고 축 늘어진 옷을 입고 흐느적거리며 생활합니다. 그러면서 왜 자기 남편이 자기를 사랑해 주지 않는지 모르겠다며 투덜댑니다.

현대인의 성경에는 이 구절에 대해 "여러분은 겉모양만 화려하게 꾸미지 말고 속사람을 아름답게 가꾸라"고 해석했습니다.

"겉모양을 꾸미지 마라"와 "겉모양만 꾸미지 말라"는 다릅니다.

"겉모양을 꾸미되 그것을 전부로 여기지 마라. 겉모양을 꾸미는 것 이상으로 속사람을 아름답게 가꾸어야 한다"는 말입니다.

하나님은 그분의 성전인 우리 몸을 매우 소중하게 여기십니다. 굿하는 무당들처럼 현란하게 몸을 치장하면 안 되겠지만 하나님의 딸로서 자신의 몸을 아름답게 가꾸는 것은 매우 중요합니다. 당신의 외모는 어떻습니까? 아름답습니까?

솔로몬이 사랑했던 여인 술람미는 외모도 아름다웠습니다.

"아름다워라, 그대, 나의 고운 짝이여. 너울 뒤의 그대 눈동자 비둘기같이 아른거리고, 머리채는 길르앗 비탈을 내리닫는 염소 떼, 이는 털을 깎으려고 목욕시킨 양떼 같아라. 새끼 없는 놈 하나 없이 모두 쌍동이를 거느렸구나. 입술은 새빨간 실오리, 입은 예쁘기만 하고 너울 뒤에 비치는 볼은 쪼개놓은 석류 같으며, 목은 높고 둥근 다윗의 망대 같아, 용사들의 방패 천 개나 걸어놓은 듯싶구나. 그대의 젖가슴은 새끼 사슴 한 쌍, 나리꽃밭에서 풀을 뜯는 쌍동이 노루 같아라. 선들바람이 불기 전에, 땅거미가 지기 전에, 나는 몰약산으로 가리다. 유향언덕으로 가리다. 나의 귀여운 짝이여, 흠잡을 데 하나 없이 아름답기만 하여라."(아 4:1~7)

아내가 남편에게 잘 보이기 위해서 부지런해야 합니다.

당신의 몸은 하나님의 성전입니다. 그러므로 최선을 다해 자신을 아름답고 멋있게 가꾸어야 합니다. 많은 여자들이 집에서 하녀처럼 지냅니다. 화장도 하지 않고 머리는 풀어 헤치고 작업복을 입고 아무렇게나 행동하며 푹 퍼진 생활을 합니다. 그러다가 외출할 때 수많은 남자들에게 잘 보이기 위해 최고로 아름다운 옷을 입고 목걸이를 하고 예쁘게 꾸미고 화장을 하고 나갑니다.

만약 주님께서 이렇게 물으신다면 어떤 대답을 하겠습니까?

"사랑하는 딸아, 너는 누구를 위해 립스틱을 바르니?"

과연 아내는 누구를 위해 곱게 화장하고 누구를 위해 화사한 옷을 입고 누구를 위해 예쁜 장식을 달아야 할까요? 옆집에 있는 남자, 길을 걷는 남자나 카페에 있는 남자가 아닙니다. 첫째는 자신을 위해서이고 다음은 자기 남편을 위해 그렇게 꾸며야 합니다.

하나님께서 베드로를 통해 "너희 외모를 꾸미지 마라. 여자들은 얼굴 화장도 하지 말고 옷도 아무렇게나 입고 다니고 외모를 절대로 꾸미지 마라"고 말씀하신 것이 결코 아닙니다. 하나님은 여자의 아름다움을 중요하게 여기셨습니다. 아브라함의 아내 사라는 무척 아름다웠습니다. 라헬도 눈에서 빛이 났습니다. 술람미는 세상에서 가장 아름다운 여인이었습니다. 여인들은 하나님이 주신 외모를 최대한 꾸미고 누려야 합니다. 그러나 하나님은 그렇게 외모를 꾸미는 것을 적절하게 하라고 말씀하십니다.

"모든 것을 적당하게 하고 질서대로 하라."(고전 14:40)

성령의 은사를 사용하는 것만 아니라 재물과 재능을 사용하는 것도, 외모를 아름답게 꾸미는 것도 적당하게 해야 좋습니다.

아내는 남편을 위해, 남편 앞에, 남편과 함께 있을 때, 남편을 빛내기 위해 자신을 꾸미고 단장해야 합니다. 다른 사람을 위해 하지 말고 자신과 남편을 위해 하십시오. 결혼한 여자가 다른 남자에게 잘 보이기 위해 자신을 꾸미는 것은 잘못된 것입니다.

당신의 남편을 왕처럼 존중하십시오. 당신은 왕후입니다. 왕후는 오빌의 금으로 자신을 꾸몄고 당당하게 왕의 오른쪽에 섰습니다. "왕이 가까이 하는 여인들 중에는 왕들의 딸이 있으며 왕후는 오빌의 금으로 꾸미고 왕의 오른쪽에 서도다."(시 45:9)

가장 중요한 것은 마음을 아름답게 꾸미는 것이다

당신은 자신의 외모에만 푹 빠져 있지 않습니까?

외모를 아름답게 가꾸기 위해 많은 시간과 비용을 투자하고 있지 않습니까? 잘하는 것입니다. 하지만 그에 못지않게 중요한 것이 있습니다. 바로 당신의 영혼을 가꾸는 것입니다. 영혼을 가꾸기 위해서 성령님과 교제를 나누고 성경책을 읽어야 합니다. 주일에는 절대로 다른 계획을 잡지 말고 교회에 나가 예배하고 하루 종일 쉬어야 합니다. 나는 실제로 그렇게 하고 있습니다.

"마음은 은혜로써 굳게 함이 아름답다."(벧전 3:4)

'율법의 행위'가 아닌 '예수님이 십자가에서 다 이루었다는 은혜의 복음'으로 마음을 굳게 해야 합니다. "나는 그리스도 안에서 의인이다. 성령 충만하다. 건강하다. 부요하다. 지혜롭다. 평화를 가졌다. 영생을 가졌다. 나는 존귀한 자다"라고 믿어야 합니다.

하나님 앞에서 은혜의 복음으로 당신의 마음을 굳게 하고 그에 어울리는 외모를 갖추십시오. 당신은 노예나 하녀가 아닙니다. 하나님의 왕자와 공주입니다. 집으로 돌아온 탕자는 은혜의 복음을 깨달았습니다. 그리고 그에 걸맞게 새 옷을 입고 새 신을 신고 손에 가락지를 끼고 살진 송아지를 먹었습니다. 국무총리가 된 요셉도 신분이 바뀌자 그에 걸맞은 옷을 입고 수레를 탔습니다.

겉과 속이 다르지 않게 하십시오. 온 마음을 다해 하나님을 사랑하십시오. 마음으로 남편을 존중하십시오. 그리고 온유하고 안정한 마음으로 남편과 대화를 나누십시오. 율법주의 화살을 막기 위해 은혜의 방패로 무장하십시오. 은혜 안에서 강해지십시오.

모든 일에 남편을 인격적으로 존중하고 섬기십시오.

나도 종종 남편에게 정직한 충고를 하는 편인데 그래도 많은 경우에 나는 두려운 마음으로 조심스레 한 마디씩 말합니다.

'내가 이렇게 말했는데 남편이 화를 내면 어떻게 하지?'

'남편이 소리를 지르면 어떻게 하지?'

남편이 한번도 내게 그렇게 소리를 지르거나 심하게 화를 낸 적은 없습니다. 그러나 항상 마음 한쪽은 두렵고 조심스럽습니다.

내가 왜 그렇게 남편에게 조언을 할까요? 하나님께서 나를 남편의 돕는 배필로 세우셨기 때문이고 남편이 보지 못하는 부분, 남편이 다듬어져야 할 부분을 내게 보여 주시기 때문입니다.

남편이 잘못된 길을 가는데도 그대로 내버려 둔다면 그것은 진정으로 남편을 사랑하는 것이라 할 수 없습니다. 내 개인적인 이익이나 욕구를 채우기 위해 충고나 조언을 한다면 그것은 성경에서 말씀하는 '온유와 안정한 심령'으로 하는 것이 아닙니다.

온유하다는 것은 머리를 조아리고 굽실거리며 쩔쩔 매는 모습으로 "호호, 제가 어떻게 하죠? 저는 못해요"라고 말하는 것이 아닙니다. 마음이 부드러우면서도 아주 강인한 것을 말합니다.

모세의 온유함이 온 지면에 승하였다고 했습니다. 그런데 모세는 때로 백성들에게 소리를 지르고 화를 내기도 했습니다. 그런 모습을 놓고 성경에서는 온유하다고 했습니다. 온유하다는 말은 목소리가 작고 앳되다는 의미가 아닙니다. 하나님 앞에서 올바르게 생각하고 말하고 행동한다는 의미입니다. 하나님이 가라면 가고 서라면 서는 것이 온유함입니다. 사람 앞에 굽실거리는 것이 아닌 하나님의 음성에 잘 순종하는 것이 진정한 온유함입니다.

온유하다는 것은 성령님께서 보여주시고 깨닫게 하시는 것에 대해 단호히 말하고 행동하는 것을 의미합니다.

때로는 집안에서 큰 소리가 나더라도 모든 사람이 올바른 길을 가도록 코치하며 도와야 합니다. 그것이 곧 '온유한 심령으로 행하는 것'입니다. 온유한 심령으로 믿음의 선한 싸움을 하십시오.

그러나 사랑하는 마음으로 서로에게 유익이 되게 하십시오.

박사 학위보다 더 중요한 것이 아내에 대한 지식이다

당신은 아내에 대해 어떤 지식을 갖고 있습니까?

성경에 "내 백성이 지식이 없어 망한다"고 했는데 아내에 대한 지식이 없으면 결혼 생활이 망합니다. 실제로 박사 학위를 받고도 이혼하는 부부가 얼마나 많습니까? 지식이 없어 그렇습니다.

남편은 아내와 동거할 때 아내에 대한 지식을 따라 동거해야 합니다. 어떤 지식일까요? 아내가 자기보다 더 연약한 그릇이라는 지식입니다. "그 남편은 지식을 따라 아내와 동거하라. 저는 더 연약한 그릇이다"(벧전 3:7)라고 했기 때문입니다. 이 한 구절에 놀라운 지혜가 담겨 있습니다. 아내를 부드럽게 대하십시오.

남편은 아내에 대해 마음을 넓혀야 합니다.

당신은 혹시 속 좁은 남편이 아닙니까? 아내가 당신보다 더 연약한 그릇이라는 것을 알고 넓은 마음으로 아내를 이해하고 돕고 있습니까? 아내가 힘들어 하는 부분이 있다면 판단하거나 정죄하거나 심판하지 말고 당신이 기꺼이 그 짐을 져 주어야 합니다.

아내의 연약한 부분을 어떻게든 도와주고 그 문제를 해결해 주어야 합니다. 아내를 너그럽게 이해하고 품어 주어야 합니다.

남편은 자신의 감정을 하나님과의 대화를 통해 풀어야 합니다.

원하는 대로 일이 잘되지 않아서 마음에 짜증이 나거나 주체하지 못할 정도로 화가 날 때 그것을 가지고 주님께 나아가야 합니다. 아내와 아이들에게 마구 터트리면 안 됩니다. 집밖에 잠깐 나가 혼자 산책하며 주님께 그것을 아뢰며 마음껏 털어놓으십시오.

아내에게는 온유한 마음으로 대하십시오. 아내를 배려하십시오. 아내를 도우십시오. 아내의 문제를 해결해 주십시오. 아내를 건져내십시오. 아내를 붙잡아주십시오. 아내를 위로하십시오. 아내를 칭찬하십시오. 아내를 격려하십시오. 아내를 믿어 주십시오.

아내가 당신을 힘들게 하면 마음의 고통을 주님께 호소하십시오. 아내는 남편보다 훨씬 더 연약한 그릇입니다. 하나님께서 남편을 가정의 지도자로 세우셨다는 것은 이미 모든 것을 다스리고 이끌어 갈 수 있는 역량을 주셨다는 말입니다. 아내와 남편은 둘 다 오직 믿음의 주요 온전케 하시는 이인 그리스도를 바라보며 서로 연합하여 도우며 주님의 복음을 위해 힘차게 달려가야 합니다.

당신의 가정이 행복하길 바랍니다. 나와 함께 기도하실까요?

"하나님 아버지, 감사합니다. 신랑 되신 예수님께서 저를 위해 오셔서 몸을 내어 주기까지 사랑해 주신 것을 감사드립니다. 저도 배우자를 사랑하고 아끼고 배려하고 존중하며 살겠습니다. 서로 한 마음이 되어 오직 주님만 바라보며 나아갈 수 있도록 도와주옵소서. 예수님의 이름으로 기도합니다. 아멘."

당신의 가정을 천국같이 행복하게 만드는 비결

어떻게 하면 행복한 가정을 꾸려 나갈 수 있을까요?

에베소서는 바울이 에베소 교인들에게 쓴 편지입니다.

바울은 결혼하지 않고 평생 독신으로 살았습니다. 그는 예수님을 신랑으로 삼고 오직 복음을 전하는 일에 전념했습니다. 그런 바울이 성령의 감동을 따라 "그리스도인의 부부 생활은 이러해야 한다"고 자세히 편지를 썼던 것입니다. 그는 아내가 그리스도가 주님께 복종하듯이 남편에게 복종해야 한다고 말했습니다.

또한 남편이 아내를 사랑할 때 그리스도께서 교회를 사랑하셔서 교회를 위해 자기 몸을 내어 주신 것처럼 사랑해야 한다고 했습니다. 자기 아내를 자기 몸처럼, 자기 자신을 사랑하는 것처럼, 자기 목숨을 내어 주기까지 사랑해야 한다고 코치했습니다.

반대로 생각하면, 남편이 자기 아내를 사랑하기를 자기 몸 같이 사랑하지 않을 수 있다는 말입니다. 대부분 여자들은 결혼하는 순간부터 그들 인생의 전부가 남편이 됩니다. 여자들은 결혼하면서 많은 것을 포기합니다. 많은 것을 바꾸고 조정합니다. 많은 부분을 내려놓고 남편에게 맞추게 됩니다. 하지만 남자들은 아내를 위해 그렇게 하지 않습니다. 그래서 바울은 "남편들아, 자기 몸을 사랑하는 것처럼 아내를 사랑해라"고 촉구했던 것입니다.

어떤 남자는 결혼을 자기 인생에 있어 성취해야 할 하나의 작은 목표로 생각합니다. 결혼을 자기 인생의 전부가 아닌 부분으로 여기는 것입니다. 그러나 여자에게는 결혼이 인생의 전부가 되는 경우가 많습니다. 어떤 여자는 결혼한 다음에도 자기 나름대로의 길을 계속 가지만 많은 여자들이 그렇게 하지 못하고 결혼하면서부터 오직 남편에게만 전적으로 매입니다. 그러나 주님은 그것 또한 옳지 않다고 하십니다. 서로 존중하며 도와야 합니다.

바울은 남편과 아내에게 어떻게 살아야 할지 말했습니다.

"남자든 여자든 서로 존중하되 각 사람이 함께 바라보아야 할 대상은 서로가 아닌 그리스도여야 한다. 한 마음이 되어 그리스도를 바라보라. 그러면 만족함과 안정감이 생긴다."

어느 날, 친구를 만나 대화하는 중에 그가 내게 물었습니다.

"너는 결혼해서 가정을 이루어 가는데 있어 네가 꿈꾸는 모범상이 있니? 진짜로 모범이 되는 그런 멋진 가정을 발견했니?"

그리고 자기에게는 그런 가정이 있다고 말을 이었습니다.

"내게는 그런 분이 바로 우리 교회 부목사님이야. 그분이 내가 생각하는 가장 이상적인 모범 가정인 것 같아."

그 말을 들으면서 나 자신을 돌아보니 내게는 그런 모범 가정이 없는 것 같았습니다. 교회를 다니면서 많은 가정을 지켜봤지만 정말 행복한 가정을 찾기란 쉽지 않았습니다.

나는 청년 시절에 연합회 활동도 많이 했기 때문에 여러 목회자들 가정과 장로님들 가정을 방문할 기회가 종종 있었습니다.

나는 예수님을 믿고 너무나 행복한데, 주위를 둘러보니 신앙생활을 한다고 하면서도 불행한 가정생활을 하는 분들이 정말 많았습니다. 나름대로 뜨겁게 신앙 생활하면서 산다고 하는데 막상 가정을 들여다보면 행복하지 않는 것이었습니다.

부부가 신앙 문제에 대해서도 많은 갈등을 겪고 있었습니다.

함께 교회를 다니고 예배하고 봉사하지만 율법적인 신앙과 복음적인 신앙이 서로 대립하고 강하게 충돌하고 있었습니다. 그래서 나는 배우자감을 고를 때 분명한 기준을 마음에 두었습니다.

그것은 외적인 기준이 아닌 '여호와를 경외하는 중심'이었습니다. 돈 명예 권세 학벌 등 외모는 보란 듯이 번듯하지만 여호와를 경외하는 중심이 없다면 무슨 소용 있겠습니까? 나는 진정으로 여호와를 경외하는 사람만이 나의 배우자가 될 수 있다고 믿고 그런 사람을 만나게 해 달라고 하나님께 기도하기 시작했습니다.

교회를 몇 년 동안 다녀도 내가 본을 삼을 만한 가정이 없었다는 것이 슬펐습니다. '와, 저런 정도의 가정이라면 내가 본받을 수 있겠어. 나도 저렇게 행복한 가정을 꾸려 나가야지'라고 여길 만한 가정을 찾지 못했습니다. 참으로 안타까웠습니다.

내가 섬기는 교회 담임 목사님은 행복한 가정을 꾸리고 있었습니다. 목사님은 사모님을 너무 사랑하고 사모님 또한 그랬습니다. 그런데 많은 경우, 목사님이 사모님에게 질질 끌려 다니는 것을 보았습니다. 나는 그러면 안 된다고 생각했습니다.

'부부간에 하나님이 세우신 질서가 있는데 저렇게 남편이 아내에게 쩔쩔매고 질질 끌려 다니는 것은 좋지 못한 것 같아. 남편이 아내에게 저렇게 모든 면에 너무 매이는 것은 하나님의 자녀의 가정생활로서는 좋은 모습이 아닌 것 같아. 서로 사랑하는 것도 중요하지만 질서도 중요해. 그래야 가정 전체가 안정되니까.'

그런 중에 나는 김열방 목사님과 결혼하게 되었습니다. 오직 여호와를 경외하는 사람을 만나게 해 달라는 기도가 응답된 것입니다. 남편은 삼 형제 중에 둘째였습니다. 형도 목회자였고 동생은 선교사 지망생이었습니다. 나는 아들 셋을 잘 키워 낸 시댁은 어떨까 하고 궁금했습니다. 그래서 결혼한 지 1년 만에 시부모님께 많은 것을 배우겠다며 남편과 함께 시댁으로 들어갔습니다.

지금 생각해보면 그 1년 동안 내가 고생한 것보다 시어른이 더 많이 고생한 것 같습니다. 왜냐하면 함께 살면 며느리보다 시어른이 더 부지런해야 되고 더 많은 일을 해야 했기 때문입니다.

나는 무슨 배짱이 그리 좋은지 내가 싫은 것은 죽어도 못하는 성격이었습니다. 하고 싶은 것은 밤새워서라도 하는데, 하기 싫은 것은 손도 못 대는 성격이어서 내가 하지 못하는 것들을 시어머니께서 직접 다 하셔야 했습니다. 특히 빨래한 후에 다림질하는 것을 나는 정말 싫어했습니다. 1년 후에 시댁에서 나와서는 남편보고 직접 다려서 입으라고 했습니다. 간혹 가다가 한 번씩 다려 주곤 했는데, 내게는 그 일이 그렇게 힘들었습니다.

결혼을 한 후에 이상적인 가정을 찾아서 보고 배우려고 무던 애를 썼던 것 같습니다. 그러나 결론은 "이 세상에서 이상적인 가정은 찾을 수 없다. 이것 또한 내 기준일 뿐이구나"라는 것이었습니다. 그렇다면 가장 이상적인 가정은 어디에 있을까요?

바로 하나님의 책인 성경에 기록되어 있었습니다.

하나님이 원하시는 가장 이상적인 가정은 어떤 것일까요?

인간의 기준이 아닌 하나님의 기준에 있습니다.

창세기에 보면 하나님이 천지 만물을 다 이루신 다음에 사람을 그분의 형상을 따라 만드신 장면이 나옵니다. 그 후에 그 남자 혼자 있는 것이 너무나도 쓸쓸해 보였다고 하셨습니다.

창세기 2장 20절에 보면 "이와 같이 아담이 모든 가축과 공중의 새와 들짐승의 이름을 지어 주었지만 그를 도울 적합한 짝이 없었다. 그래서 여호와 하나님은 아담을 깊이 잠들게 하시고 그가 자고 있는 동안 그의 갈빗대 하나를 뽑아내고 그 자리를 대신 살로 채우셨다. 여호와 하나님이 아담에게서 뽑아낸 그 갈빗대로 여자를 만드시고 그녀를 아담에게 데려오셨다"라고 했습니다.

하나님이 여자를 만드셔서 아담에게로 이끌어 오신 것입니다.

우리는 배필을 만날 때 내가 만나서, 아니면 내가 뭔가 이루어서, 내가 좋은 사람을 찾아서 만날 것이라고 생각합니다. 그렇다면 내 기준과 내 능력에서 벗어날 수 없습니다. 그러나 하나님이 이끌어 주신다면 내 기준이나 내 능력이 아닌 하나님의 기준과 하나님의 능력으로 내 배필을 내게로 이끌어 주실 것입니다.

배우자를 달라고 기도했으면 받았다고 믿고 기다리십시오.

"하나님이 과연 내게 어떤 배필을 이끌어 주실까?"

당신이 하려고 하지 말고 하나님이 당신에게 어떤 배필을 만나게 해주실까 기대하며 기다려야 합니다. 물론 이미 결혼한 사람은 지금 있는 남편과 아내가 하나님이 짝지어 주신 가장 확실한 배필이라고 믿어야 합니다.

하나님이 이끌어 오신 여자를 보고 아담이 말했습니다.

"이는 내 뼈 중에 뼈요 내 살 중에 살이라. 이것을 남자에게서 취하였은즉 여자라 칭하리라."

하나님이 그들에게 주례하시며 이렇게 말씀하셨습니다.

"이러므로 남자가 부모를 떠나 아내와 연합하여 둘이 한 몸을

이룰찌로다."(창 2:24)

아담은 그 여인이 정말 자신의 뼈 중에 뼈요 살 중에 살이라는 것을 알았습니다. 자신의 뼈와 살에서 나왔기 때문에 진정한 자기의 뼈요 살이라고 말했던 것입니다. 아담은 자기와 동등하게 하와를 존중하고 사랑하고 품었습니다. 정말 행복한 가정입니다.

성경에 행복한 가정의 비결이 몇 가지 나와 있습니다.

첫째, 남자가 그 부모를 떠났다.

둘째, 그 아내와 연합하여 둘이 한 몸을 이루었다.

남편은 자기 몸을 사랑하는 것처럼 아내를 사랑해야 합니다. 그러기 위해서 가장 먼저 해야 할 일이 있는데 그것은 바로 그 부모에게서 육체적, 정신적, 물질적으로 독립하는 것입니다.

성경에 분명히 "너는 부모를 떠나라"고 했습니다.

많은 남자들이 결혼한 후에도 부모를 떠나지 못해 가정이 불화합니다. 이것은 꼭 남편만 두고 한 말씀이 아닙니다. 아내도 마찬가지입니다. 남편과 아내 모두 부모를 떠나야 합니다. 육체적으로만 떠나야 합니까? 멀리 이사만 하면 다 해결됩니까? 아니면 비행기를 타고 해외로 날아가야 됩니까? 그렇지 않습니다.

이 말씀은 결혼한 성인 남자가 정신적으로 육체적으로 물질적으로 영적으로 모든 면에서 완전히 독립해야 한다는 말입니다.

결혼을 한 순간 독립적인 한 가정이 이루어진 것입니다. 그리고 그 가정에서 하나님이 지도자로 남편을 세우셨습니다. 가정의 지도자는 무엇일까요? 가정을 이끌고 보호하고 지켜야 하는 존재입니다. 남편이 그 가정에 울타리를 둘러치고 방패막이 되어야 합니다. 아내가 사람들에게 비난 받고 손가락질 당할 때 누가 방패막이 되어 줄 수 있겠습니까? 아이들이나 부모님이나 친구들이 아닙니다. 오직 그 아내의 남편이 방패막이 되어야 합니다.

만약 자녀들이 두렵고 떨리는 마음으로 생활한다면 누가 방패막이 되어 주어야 합니까? 물론 엄마가 되어 줄 수도 있습니다. 하지만 가장 실질적인 방패막은 아빠가 되어 주어야 합니다.

하나님은 여자와 남자가 결혼해서 가정을 이루는 순간, 남편을 지도자로 세우셨습니다. 그런데 이러한 지도자가 가정을 이끌어 가는데 있어 조금 힘들다고 해서 피해 버리거나, 투덜투덜 투정을 하거나, 좇아가서 엄마 아빠한테 이른다거나, 하루에 열 번 넘게 일거수일투족을 보고하는 전화한다면 어떻게 그런 남편을 아내와 자녀들이 신뢰하고 복종하고 따를 수 있겠습니까?

남자는 결혼하는 순간부터 "하나님이 나를 이 가정의 지도자로 세우셨어. 내가 모든 것을 책임지고 해나가겠어"라고 결심해야 합니다. 하나님께서 그럴 능력과 지혜가 있다고 여기셔서 아내를 이끌어 주시고 결혼하게 하신 것입니다. 전능하신 하나님과 동업하며 할 수 있다는 마음으로 담대히 가정을 이끌어야 합니다.

한국의 정서상, 어머니들이 자식을 마음에서 못 놓는 경우가 많습니다. 한국만 아닙니다. 유대인들도 그랬고 세상의 모든 어머니들이 자식에 대한 집착심이 아주 강합니다. 마음에서 자식들을 놓아야 합니다. 그래야 하나님이 마음껏 키우십니다.

하나님은 내게 이렇게 말씀하셨습니다.

'네 자녀들을 자꾸 건드리지 말고 가만 둬라. 하나님을 경외하도록 코치하고 그들의 인생에 대한 구체적인 것은 간섭하지 마라. 너는 너의 인생이 있고 그들은 그들의 인생이 있다. 내가 그들의 인생을 구체적으로 이끌겠다. 내가 그들을 큰 인물로 만들겠다. 네 자녀들로 인해 불안해하지 말고 내게 완전히 맡겨라.'

그래서 나는 불안해하지 않고 하나님께 완전히 맡겼습니다.

하나님께 맡기면 그분이 알아서 인도하십니다. 하나님이 이끄시면 당신의 자녀들이 당신보다 더 큰 삶을 살게 됩니다.

빌립보서 4장 6절에 "아무 것도 염려하지 말고 다만 모든 일에 기도와 간구로, 너희 구할 것을 감사함으로 하나님께 아뢰라. 그리하면 모든 지각에 뛰어난 하나님의 평강이 그리스도 예수 안에서 너희 마음과 생각을 지키시리라"고 했습니다. "아무것도 염려하지 마라"는 말은 '어떤 일이 일어나도 불안해하지 마라'는 뜻입니다. 당신과 당신의 자녀에 대한 문제, 당신의 미래와 재정에 대한 문제, 당신의 사업과 운영에 대한 문제 등 모든 것에 대해 불안해하지 마십시오. 하나님은 모든 지각에 뛰어나신 분입니다.

하나님은 그때마다 당신에게 필요한 지혜를 주실 것입니다.

대부분의 문제는 백배로 크게 생각하면 아무것도 아닙니다.

결혼했으면 캥거루족이 되지 말고 자급자족하라

당신의 자녀는 결혼했음에도 불구하고 캥거루족이 아닙니까? 캥거루족이란 미숙한 새끼 캥거루가 어미의 배에 있는 주머니에 들어가 젖을 먹고 보호받는 것처럼 생계 문제에 있어 부모를 전적으로 의존하는 자녀를 말합니다. 성인이 되었음에도 불구하고 정신적, 경제적으로 독립할 의지가 없이 부모 밑에서 생활하는 젊은이들을 말합니다. 일본에서는 1990년대에 문제가 되었던 현상입니다. 20~30대의 청년들이 35~44세의 중년이 되어서도 독립할 생각을 하지 않는데 이를 기생(寄生, parasite)이라고도 합니다. 이런 캥거루족은 부모에게 큰 짐이 됩니다. 늙은 부모가 젊은 자녀를 부양해야 한다는 것은 엄청난 비극이기 때문입니다.

유대인들은 12세에 성인식을 치르고 정신적으로 독립합니다.

예수님은 12세에 성인식을 치르셨고 30세에 공생애를 시작하셨습니다. 유대인들은 30세에 사회적으로 독립하기 때문입니다. 하나님의 아들 예수님조차도 이런 때를 중요하게 여기셨습니다. 당신의 자녀도 12세에는 정신적으로 독립하고 30세가 되면 경제적으로 자급자족해야 합니다. 나의 네 명 자녀도 12세가 넘으면서부터 모든 일을 스스로 선택하고 판단하고 책임지고 있습니다.

유대인들은 어릴 때부터 경제 교육을 철저히 시킨다

당신의 자녀는 어떻습니까?

특히 한국 사람들은 이상하게도 '애들은 돈에 대해 몰라도 돼'라는 잘못된 정서를 갖고 있습니다. 그 버릇이 평생 갑니다.

"너희들은 돈에 대해 신경 쓰지 말고 공부나 열심히 해라."

과연 그것이 올바른 걸까요? 결국 공부를 열심히 하는 것도 남들보다 더 좋은 직장을 얻어서 조금이라도 더 많은 돈을 벌어 안정되고 행복한 삶을 살기 위함이 아닌가요?

결코 "아이들은 돈을 몰라도 돼"가 아닙니다. "어릴 때부터 돈을 잘 알아야 돼"입니다. 그리고 부모가 세 살 때부터 경제 교육을 시켜야 합니다. 그러면 여든이 넘도록 부요하고 안정된 삶을 삽니다. 나는 얼마 전에도 한 아이에게 이런 말을 했습니다.

"너 학교에 다니는데 용돈이 많이 모자라지?"

"응, 모자라는 것 같아."

"아니야, 돈이 모자란다는 생각이 모자라게 하는 거야. 네 잔은 항상 넘치고 있어. 돈이 넘친다는 믿음을 가져야 해, 그러면 하나님이 어떤 방법으로든 너의 필요한 것을 넘치게 다 채워 주셔."

"응, 알았어. 생각을 바꿀게."

부요 믿음을 가지고 재정 관리를 잘해야 합니다. 부요 믿음으로 십일조를 드리고 감사 헌금도 넉넉히 드려야 합니다. 부요 믿음을 가지면 하나님이 날마다 기적적인 공급을 베풀어 주십니다.

"나의 하나님이 그리스도 예수 안에서 영광 가운데 그 풍성한 대로 너희 모든 쓸 것을 채우시리라."(빌 4:19)

당신의 자녀를 하나님의 말씀으로 코치하라

당신은 자녀를 코치하고 있습니까?

나는 아이들이 세 살 때부터 지금까지 부지런히 코치했습니다.

일어나서 자기까지 부지런히 코치하고 또 코치했습니다.

당신의 자녀를 왜 다른 사람에게 맡깁니까? 당신이 해야 합니다. "네 자녀에게 부지런히 가르치며 집에 앉았을 때에든지 길을 갈 때에든지 누워 있을 때에든지 일어날 때에든지 이 말씀을 강론할 것이며……"(신 6:7)라고 말씀했기 때문입니다.

결혼한 자녀는 부모로부터 경제적인 독립을 해야 합니다.

그러려면 부모의 코치를 잔소리로 듣지 말고 단소리로 들어야 합니다. 미련한 자녀는 거액의 등록비를 내고 학교와 학원에 가서 배우는 것을 유익한 줄로 알고 그것은 달게 듣고 집에서 엄마 아빠의 코치는 싫다고 역정을 냅니다. 하지만 지혜로운 자녀는 반대로 합니다. 학교와 학원은 꼭 필요한 경우에만 다니고 그 외에는 모두 부모로부터 코치 받으며 그것을 좋아합니다.

부모는 자녀가 어릴 때부터 경제 교육을 시켜야 합니다.

나는 네 명의 자녀에게 철저히 자급자족하도록 코치했습니다.

부모는 자녀가 결혼하는 순간부터 그들을 과감히 독립시켜야 합니다. 또 자녀는 부모님으로부터 스스로 독립하겠다는 강한 의지를 보이고 그렇게 결단하고 실천해야 합니다. 그것이 서로를 얽매이지 않게 하고 서로를 불행하게 하지 않는 가장 좋은 방법입니다. 무엇보다 이것은 하나님의 절대적인 명령입니다.

하나님은 분명히 "남자가 그 부모를 떠나 아내와 연합하라"고 명령하셨습니다. 우리는 하나님이 말씀하신 것을 기억하고 순종해야 합니다. 그래야 진정으로 행복한 가정을 꾸릴 수 있습니다.

가장 좋은 친구는 당신과 함께 계신 성령님이다

당신은 친구를 만난다고 밤낮 돌아다니지 않습니까?

수많은 남자들이 결혼한 후에도 친구를 만난다고 집 밖을 돌아다니다가 밤늦게 들어옵니다. 결혼한 아내가 혼자 집에서 지내게 둡니다. "내가 하루 종일 열심히 일해서 생활비를 벌어다 주는데 그걸로 된 거 아냐?"라고 착각합니다. 아내에게 필요한 것은 가정을 운영하고 자녀를 양육하기 위한 돈이 전부가 아닙니다. 남편이 집에 있어 줘야 합니다. 아내는 많은 대화를 필요로 합니다.

남편은 아내를 다스릴 때, 그리스도께서 몸을 내어 주신 것처럼 자신의 몸을 내어 주어야 합니다. 몸을 내어 준다는 것은 피와 땀과 눈물을 흘리는 희생과 봉사를 의미하기도 하지만 가장 중요한 것 곧 생명과도 같은 '시간'을 내어 준다는 말이기도 합니다.

예수님은 우리를 위해 희생하셨습니다. 하지만 그것으로 끝난 것이 아닙니다. 그분은 지금도 우리와 함께 계십니다. "볼지어다. 내가 세상 끝날까지 너희와 항상 함께 있으리라."(마 28:28)

남편들이여, 아내를 평생의 친구로 사귀십시오.

그리고 당신 곁에 계신 성령님이 가장 좋은 친구이십니다.

매일 성령님과 산책하고 대화하십시오.

지금 부딪힌 돈 문제보다 백배나 더 크게 생각하라

그리스도께서 우리를 위해 어떻게 희생하셨습니까?

그리스도는 너무나도 우리를 사랑하셔서 자기 몸까지 다 내어 주셨습니다. 에베소서 5장 25절에 "남편들아, 아내 사랑하기를 그리스도께서 교회를 사랑하시고 위하여 자신을 주심 같이 하라"고 했습니다. 남편은 아내를 위해 자신을 주어야 합니다.

예수님은 하나님이셨고 그 무엇도 부족함이 없는 분이셨지만 이 땅에 내려오셔서 죄인이 받는 고통을 다 겪으셨습니다. 그분은 죄가 없었기 때문에 그런 엄청난 수난을 겪어야 할 이유가 전혀 없었습니다. 오직 예수님은 신랑으로서 신부된 우리를 취하기 위해 하늘 보좌를 버려두시고 이 땅에 내려오신 것이었습니다.

예수님은 그냥 오셔서 십자가에서 나를 위해 단순히 죽기만 하신 것이 아닙니다. 십자가에 달리기 전 겟세마네 동산에서 땀방울이 핏방울이 될 정도로 기도하셨습니다. 그 정도로 처참한 고통, 인간으로서 당해야 하는 가장 극한 슬픔과 아픔을 당하셨습니다. 핏방울이 툭툭 떨어질 정도로 땀을 흘리셨습니다.

사람이 아무리 큰 고통을 당한다 해도 땀방울이 핏방울이 될 수 있겠습니까? 당신은 그렇게 된 사람의 이야기를 들어보았습니까? 사람이 심리적으로 아주 격한 고통을 겪으면 땀이 핏방울이 된다고 하는데 그런 고통을 오직 예수님만 겪으신 것입니다.

그리고 예수님은 우리를 위해 양손에 못이 박히시고, 머리에 가시 면류관을 쓰시고, 주먹으로 얼굴을 얻어맞으시고, 온몸을 채찍으로 맞으시고, 마지막으로 옆구리가 창에 푹 찔려 피와 물을 다 쏟으셨습니다. 모든 생명을 우리를 위해 주셨습니다.

창조주 하나님은 그 십자가에서 우리를 예수님의 신부로 삼으시기 위한 작업을 하셨습니다. 버림당하고 죽음 가운데 처해 있던 우리를 예수님의 신부로 삼기 위해 그분의 독생자가 우리를 위해 죽게 했던 것입니다. 예수님은 자기 몸을 다 내어 주셨습니다.

그리고 이와 같이 남편은 아내를 사랑하라는 것입니다.

"지난번에 사랑하고 희생했어. 이제는 더 이상 못하겠어."

그렇지 않습니다. 한두 번이 아니라 일흔 번의 일곱 번이라도 아니 억만 번이라도 아내를 사랑하고 이해하고 용서하고 용납해야 합니다. 아내를 위해 억만 번이라도 희생해야 합니다. 아내를 위해 목숨을 버리는 것, 그것이 진짜 사랑입니다.

한 연예인이 아내와 돈 문제로 이혼한 이야기를 했습니다.

"나는 아내를 이해할 수도 용납할 수도 없습니다. 아내가 빚이 있는데 그 문제를 해결하고 나면 또 다른 빚 문제가 나왔어요. 한두 번이면 해결하겠는데 꼬리에 꼬리를 물고 계속 나왔어요. 도저히 감당할 수가 없어서 이혼했어요. 그런데 이혼하고 나니 돈 문제보다 더 큰 공허감이 밀려왔어요. 혼자라서 미칠 지경입니다. 어떻게 해야 할까요? 아내를 용서하고 다시 합쳐야 할까요?"

"네, 그렇습니다. 결혼식 때 기쁠 때나 슬플 때나 부할 때나 가난할 때나 건강할 때나 아플 때나 함께 한다고 서약했잖아요. 가난할 때도 함께 해야 합니다. 그 문제를 어떻게든 함께 극복해야 합니다. 일흔 번에 일곱 번이라도 용서하고 문제를 해결해야 합니다. 슬플 때나 가난할 때나 아플 때도 항상 함께 해야 합니다."

"그렇군요. 알겠습니다."

다른 한 연예인은 사업하다 빚을 70억이나 졌는데도 인생을 포기하지 않고 끝까지 그 문제를 해결하겠다고 결심했습니다.

"사업하다 보면 이 정도는 아무것도 아니야. 어떻게든 반드시 이 돈 문제를 해결할 거야. 내게는 그럴 능력이 있어."

당신은 어떻습니까? 인생에 항상 기쁘고 항상 부요하고 항상 건강하기만 하면 얼마나 좋겠습니까? 하지만 역경에 부딪힐 때도 있습니다. 그것을 하나님과 함께 부딪히며 해결해 나가야 합니다.

나도 지금까지 수많은 돈 문제를 해결하며 여기까지 왔습니다.

어떻게요? 돈 문제보다 백배나 더 크게 생각하면 됩니다.

크게 생각하면 어떻게든 길이 열리게 마련입니다. 도널드 트럼프는 1억, 10억, 100억 정도가 아닌 1조 원의 빚을 졌고 어떻게든 그 문제를 해결했습니다. 그는 결코 포기하지 말라고 했습니다.

"나는 1990년대 초에 10억 달러에 가까운 빚을 졌다. 그러나 나는 포기하지 않았고 더 크게 생각하고 더 크게 일을 벌였다."

그는 돈 문제를 계속 해결해 나갔는데 2017년 7월에는 3600억 원밖에 빚이 남지 않았다고 했습니다. 아마 당신은 그보다 훨씬 작은 돈 문제를 갖고 있을 것입니다. 돈 몇 억 때문에 인생 다 끝난 것처럼 생각하지 마십시오. 큰 돈 문제를 해결하는 사람이 큰 사업가가 됩니다. 결코 포기하지 말고 어떻게든 그 문제를 해결하십시오. 그러려면 지금보다 백배로 크게 생각해야 합니다.

많은 경우, 남편과 아내가 부딪힐 때 왜 싸움이 일어납니까?

아내와 남편의 사고방식이 완전히 다르기 때문입니다. 그래서 '화성에서 온 남자, 금성에서 온 여자'라는 말까지 합니다. 많은 경우에 있어 대화할 때 충돌이 일어나는 이유는 표현 방식이 다르기 때문입니다. 여자는 대화를 하고 싶어서 모든 과정을 낱낱이 늘어놓습니다. “내가 지금 이런 상황이야. 나를 좀 이해해 줘.”

그러면 남자는 얼굴이 굳어지면서 무뚝뚝하게 대답합니다.

“아니, 내가 당신한테 뭘 제대로 안 해 줬다는 거야? 도대체 날 보고 어떻게 하라는 거야? 원하는 것을 한 마디로 말해 줘.”

여자는 넋두리 식으로 상황 자체를 이야기하고 있는데, 남자는 그러한 내용을 받아들이기 어려워하고, 자기에게 불만을 털어놓는 줄로 오해하는 것입니다. 그리고 “이렇게 하면 되겠네” 하며 결론부터 내려놓고 여자가 말하는 것을 단칼로 잘라 버립니다.

거기에서 서로 부딪히게 됩니다. 부딪히지 않는 방법은 무엇일까요? 여자가 말하는 것을 무조건 힘으로 막으면 안 됩니다. 여자에게는 그렇게 많은 말을 하는 중에 그 문제를 해결하는 지혜를 발견하기 때문입니다. 물론 아내는 남편의 마음이 상하지 않도록 최대한 배려하면서 이야기해야 합니다. 감정도 가라앉히고 표현도 적절히 자제해야 합니다. 남편도 여유를 가져야 합니다.

‘아, 내게 뭘 요구하거나 잘못을 따지려는 것이 아니구나. 뭔가 속상한 일이 있구나. 일단 맞장구를 치며 끝까지 잘 들어주자. 아내가 내게 사건의 결론을 요구하는 게 아니라 사건 자체를 저런 식으로 이야기하는구나. 내가 끝까지 잘 들어줘야지.’

그런 태도를 취하면 싸움의 절반 이상을 간단하게 해결할 수 있습니다. 남자는 여자의 이야기를 잘 들어주기만 하면 됩니다.

“맞아, 그렇지. 그렇고말고.”

그렇게만 해줘도 아내는 엄청 좋아합니다.

그런데 남자들은 어떨까요? 여자가 이야기할 때 심각하게 자기만의 세계에 빠져 문제를 어떻게 해결할 지에 대해 고민합니다. 그리고 여자의 말이 끝나기도 전에 입을 열어 "그러면 이렇게 하면 돼" 하고 결론을 내립니다. 딱 그 말 밖에 하지 않습니다.

그러면 여자는 열 받게 되고 5분 만에 끝날 문제를 몇 시간 동안 서로 죽일 듯이 목에 핏대를 세워 가며 싸우게 됩니다.

남자는 여자의 이야기를 잘 들어주기만 해도 됩니다. 여자는 기본적으로 남자의 이야기를 들어주려는 자세가 되어 있습니다.

여자는 남자와 이야기를 많이 하고 싶어 하기 때문입니다.

남자는 어떻게 하면 아내의 말을 잘 들어줄 수 있을지에 대해 머리를 굴려야 하는 한편, 여자는 그렇지 않고 저절로 됩니다.

또 어떤 남자는 여자의 입을 막으려고 목소리를 높입니다.

그렇게 하지 말고 서로를 존중해야 합니다.

남편은 아내의 말을 잘 들어주고 아내도 자기감정만 쏟아 놓을 것이 아니라 남편이 자기 이야기에 참여할 수 있도록 지혜롭게 감정을 표현해야 합니다. 일단 아내가 감정을 표현하면 남편은 공격을 받는다고 여기며 어쩔 줄 몰라 하고 크게 당황합니다.

'이 여자가 내게 무슨 불만이 있나?'

아내는 자기를 살펴야 합니다. '내가 이렇게 말하면 남편이 어떻게 생각할까?' 하고 조금만 마음에 여유를 갖고 살핀 후 조심스럽게 말을 꺼낸다면 마찰이 없을 것입니다. 그러면 서로 풍성한 대화가 가능해지고 오랜 시간 친밀한 교제를 나눌 수 있습니다.

남편의 변화를 성령님께 부탁하십시오.

성령님이 반드시 남편을 바꾸실 것입니다.

"성령님, 제 남편을 부탁합니다. 꼭 변화시켜 주세요."

그리고 마가복음 11장 24절 말씀을 믿으십시오.

"그러므로 내가 너희에게 말하노니 무엇이든지 기도하고 구하는 것은 받은 줄로 믿으라. 그리하면 너희에게 그대로 되리라."

성령 안에서 시간과 공간을 초월해 남편이 이미 그렇게 되었다고 믿고 존경하십시오. 믿음은 바라는 것들의 실상입니다.

성령님은 지금도 쉬지 않고 일하고 계십니다.

내 인생을 바꾼 성령님. 제 3 부 - 서문규

인생 문제를 해결해 주신 성령님

당신은 신적인 권위를 가진 분을 만나 보았습니까?

나는 신적인 권위를 가진 분을 매일 만나고 있습니다. 누굴까요? 성경에는 예수님을 신적 권위를 가진 분이라고 그 세대 사람들이 말했습니다. 무엇보다 하나님께서 직접 예수님을 향해 "이는 내 사랑하는 아들이요 내 기뻐하는 자다"라고 말씀하셨습니다.

왜 우리가 신적인 권위를 가진 분을 만나야 할까요?

모든 사람은 태어나서 죽기까지 반드시 삶의 중대한 몇 가지 문제를 해결해야만 되기 때문입니다. 첫째, 육신을 유지하고 보호하기 위한 의식주 문제를 해결해야 합니다. 둘째, 마음의 평온을 유지하기 위한 두려움과 염려, 불안 문제를 해소해야 합니다. 셋째, 자신이 죽은 후에 그 영혼의 거처 문제를 해결해야 합니다.

성경에서는 이상 세 가지 문제에 대해 32,500여 가지의 약속의 말씀으로 해답을 제시하고 있습니다. 죄 문제 해결, 곧 죄를 사함 받고 영혼이 성령으로 거듭나 하나님의 자녀가 되는 문제를 해결하기 위해서는 오직 하나님의 아들 예수 그리스도를 구주로 믿고 영접해야 합니다. 이 길 외에 다른 길은 결코 없습니다.

"다른 이로서는 구원을 얻을 수 없나니 천하 인간에 구원을 얻을 만한 다른 이름을 우리에게 주신 일이 없음이니라."(행 4:12)

당신이 아직 죄 사함의 문제를 해결하지 못했다면 지금 이 시간 예수를 구주로 믿고 영접하십시오. 예수님은 죄가 없는 하나님의 아들인데 당신 대신에 십자가에 매달려 당신의 모든 죄를 짊어지고 죽으셨습니다. 그리고 사흘 만에 부활하셨습니다. 이렇게 고백하며 예수를 구주로 믿으면 당신의 모든 죄가 사함 받습니다.

"하나님, 예수님이 저를 위해 죽으시고 저를 위해 부활하신 것을 믿습니다. 저를 구원해 주시고 제 모든 죄를 사해 주신 것을 믿습니다. 저는 이제 하나님의 자녀가 되었습니다. 아멘."

축하합니다. 이제 당신은 하나님의 자녀가 되었습니다.

하나님의 자녀는 의식주 문제에 대해 염려하지 말아야 합니다.

하나님께 구하면 하나님이 넘치도록 풍성히 채워 주십니다.

하나님의 자녀도 일상생활에서 수많은 문제들에 부딪힙니다.

어떻게 하면 자신에게 일어나는 수많은 문제들을 성경이 제시하는 약속으로 해결 받고 성공적인 삶을 살 수 있을까요?

아무것도 염려하지 말고 두려워하지 마라

당신은 인생의 각종 문제 때문에 불안해하지 않습니까?

오늘날 세계 경제 11위를 달리고 있는 대한민국도 하루에 40명씩 자신에게 부딪힌 문제를 해결하지 못하고 스스로의 삶을 포기하고 있으며 이로 인해 행복하던 가정이 해체되고 있습니다.

기업들은 어떻습니까? 어제까지 잘 나가던 상장 기업이 하루아침에 폐업하고 파산 처리와 회생 절차를 밟는 일이 TV 뉴스와 신문을 통해 매일 보도되고 있습니다. 나라도 전쟁에 대한 불안 때문에 우리의 삶을 위축시키고 있습니다. 온통 두려움뿐입니다.

예수님은 "염려하지 마라. 두려워하지 마라"고 말씀하셨습니다.

이는 그분이 우리가 안고 있는 모든 문제를 빠짐없이 해결해 줄 수 있다는 말씀이 아니겠습니까? 우리가 가지고 있는 몸을 위한 의식주의 문제, 마음의 문제, 영혼에 관한 문제를 모두 평안의 길로 인도해 주겠다는 말씀이 아니겠습니까?

그러므로 근심하지 말고 그분을 믿으십시오. "너희는 마음에 근심하지 말라. 하나님을 믿으니 또 나를 믿으라."(요 14:1)

성령님이 지금도 당신을 인도하고 계십니다.

당신의 마음에는 흔들리지 않는 평안이 있는가?

당신의 마음에는 흔들리지 않는 평안이 있습니까?

만일 당신이 예수님을 구주로 믿고 있다면 매일의 삶 속에서 그분이 주시는 평안을 누려야 합니다. 하루 종일 행복한 삶을 살아야 합니다. 이러한 평안과 행복을 날마다 누리며 살고 있다면 당신은 성공적인 인생으로 살고 있는 것입니다.

예수님께서 말씀하신 "염려하지 마라. 두려워하지 마라"는 말씀은 다음의 일곱 가지를 해결 받고 사는 것을 말합니다. 죄, 목마름, 질병, 가난, 어리석음, 징계, 죽음에서 자유를 얻고 믿음으로 말미암아 의, 성령 충만, 건강, 부요, 지혜, 평화, 생명을 누리는 것입니다. 성경에서는 이러한 행복한 삶을 천국의 삶이라고 말씀합니다. 천국의 삶은 죽어서가 아닌 지금부터 누려야 합니다.

이 땅에 처음으로 천국이 세워진 곳은 에덴동산입니다. 에덴은 '기쁨, 즐거움, 생명이 넘치는, 화려한'의 뜻입니다. 하나님께서는 에덴동산을 럭셔리한 곳으로 만드시고 첫 사람 아담과 그 아내 하와가 행복과 풍요를 누리며 살 수 있게 하셨습니다. 에덴동산은 날마다 기쁨이 넘치고 즐거움과 생명이 가득한 곳이었습니다.

에덴동산은 우리 인생에 있어야 하는 32,500여 가지의 모든 것이 다 구비되어 있는 곳입니다. 사람이 살아가는데 전혀 문제가 없는 곳입니다. 불행히도 첫 사람 아담은 단 한 가지를 지키지 못하므로 그 모든 행복한 삶에서 떨어져 많은 문제를 안고 살아가야 하는 세상으로 쫓겨 나와 살게 되었습니다.

"선악과를 절대로 먹지 말라, 먹으면 정녕 죽으리라"는 단 한 가지 명령을 지키지 않았기 때문입니다. 당신은 어떻습니까? 누구든지 하나님이 하지 말라고 명하신 단 한 가지를 지키지 않으면 율법의 저주 가운데로 떨어져 가난하고 비참한 삶을 살게 됩니다.

율법을 지키므로 의롭다 함을 얻을 육체가 한 사람도 없습니다. 그러므로 하나님께서는 한 의를 예비하셨습니다. 그 의는 곧 예수 그리스도를 믿음으로 말미암아 의로워진다는 것입니다. 하나님이 아들 예수 그리스도가 십자가에 달려 우리 대신 피와 땀과 눈물을 쏟으며 모든 죄와 저주의 값을 다 지불하셨습니다. 이제는 누구든지 그분을 마음으로 믿어 의에 이르고 입으로 시인하여 구원에 이르게 되었습니다. 하나님의 큰 은혜가 선포된 것입니다.

내 영혼에 자유를 주려고 내 대신 묶이신 예수님

당신은 묶인 적이 있습니까? 나는 손이 묶인 적이 있습니다.

젊은 시절에 택시 영업을 했었는데 어느 날 원치 않은 접촉 사고가 생겨 잠시 가족과 헤어져 경찰서 유치장 신세를 지게 되었습니다. 그리고 포승줄에 묶여 법원에서 재판도 받았습니다.

'사람이 죄를 지으면 이런 모습으로 심판을 받으러 가는구나' 하는 생각이 들었습니다. 그때의 심정은 정말 참담했습니다. 여러 날 동안 사람을 죽인 범죄자와 한 방에서 먹고 자고 같이 지냈습니다. 나의 모든 삶이 한순간에 무너지는 것 같았습니다.

내게 있던 자유가 사라졌습니다. 교도소의 일정과 정해진 규칙 안에서 하루하루 살아야 했습니다. 앉고 서고 가고 먹고 자는 모든 일에 있어 나 자신의 의지는 사라진 것 같았습니다. 그런 나를 자유롭게 하려고 예수님이 2천 년 전에 내 대신 묶이셨습니다.

예수님은 내 영혼에 자유를 주셨습니다. 갈라디아서 5장 1절에 "그리스도께서 우리로 자유케 하려고 자유를 주셨으니 그러므로 굳세게 서서 다시는 종의 멍에를 메지 말라"고 했습니다.

요셉이나 바울 베드로 같은 사람도 묶이고 옥에 갇혔지만 그들의 영혼은 자유로웠습니다. 왕과 관원들은 사람의 몸을 묶을 수 있지만 영혼까지 묶을 순 없습니다. "헤롯이 베드로를 백성 앞에 끌어내기로 한 그 전날 밤이었다. 베드로는 두 쇠사슬에 묶여, 두 군인 틈에서 잠들어 있었고 문 앞에서는 파수꾼들이 옥문을 지키고 있었다"(행 12:6)고 했습니다. 천사가 그를 꺼내 주었습니다.

바울과 실라도 옥에 갇혔지만 오히려 찬송을 불렀습니다.

영혼이 자유로운 사람이 진정으로 자유로운 사람입니다.

나는 그리스도 안에서 완전한 자유를 얻었습니다.

"내 대신 나무에 묶이신 예수님, 감사합니다."

내 안에 성령님이 한강처럼 가득히 계신다

당신은 목마르지 않습니까?

나는 한동안 목마른 삶을 살았습니다. 지금은 그렇지 않습니다. 내 안에 하나님이 가득하기 때문입니다. 나는 행복합니다.

아담과 하와 이후로 죄를 지은 모든 사람의 마음은 온 우주로도 채울 수 없을 정도로 공허합니다. 이러한 텅 빈 마음에 영원하신 하나님의 영이 안 계시면 만족함이 없습니다. 사람은 흙으로 만들어졌습니다. 하나님이 그의 코에 생기를 불어 넣으시므로 살아 움직이는 사람이 되었습니다. 하지만 사람이 죄를 범하므로 영혼이 죽고 말았습니다.

온 우주보다 더 크신 하나님의 생명이 사람 속에서 사라지므로 공허하고 혼돈된 심령이 되고 말았습니다. 사람에게 주셨던 영이 죽으므로 하나님과의 교통이 끊어지고 교제가 막힌 것입니다. 어린 자녀가 부모의 품을 떠나 전혀 도움을 받지 못하는 낯선 곳에 버려진 비참한 처지가 되었고 영적인 고아가 되었습니다.

그 후로 사람의 영혼에 항상 목마름이 따라다녔습니다.

저주 받은 땅에서 가시와 덤불이 생겨나 사람의 몸을 공격하므로 각종 질병으로 고통 받게 되었습니다. 메마른 땅에는 먹을 것이 부족하여 힘든 일을 해야만 먹고 살 수 있었고 얼굴에 땀을 흘려야 조금의 지식을 알 수 있는 어리석은 자가 되고 말았습니다.

풍성한 삶을 누리던 에덴동산에서 하나님의 징계로 쫓겨났으며 흙으로 만들어진 육체는 흙으로 돌아가는 죽음을 맞게 되었습니다. 첫 사람 아담과 하와는 하나님께 불순종하고 사탄의 꼬임에 빠져 죄의 종이 되었습니다. 이것이 그리스도 밖의 인생입니다.

그런 내가 그리스도 안에 들어온 순간 목마름이 사라졌고 행복해졌습니다. 하나님이 내 안에 가득히 계십니다. 나를 덮고 계십니다. 나는 하나님의 영광에 둘러 싸여 있습니다.

"너희는 너희가 하나님의 성전인 것과 하나님의 성령이 너희 안에 계시는 것을 알지 못하느냐?"(고전 3:16)

예수님을 만나고 전도를 시작하게 된 이야기

당신은 언제 예수님을 만났습니까?

나는 어린 시절 형과 동네 친구들 틈에 끼어 교회에 나간 적이 몇 번 있습니다. 원피스를 입은 젊은 선생님은 우리를 동그랗게 둘러앉히고 성경 이야기를 해 주었고 나는 교회 천정에 매달려 켜진 동그랗고 뽀얀 전등을 가끔 쳐다보면서 들었습니다. 벽에는 도화지에 색연필로 예수님을 그린 그림들이 붙어 있었습니다.

어느 날, 동네 거울 가게 앞에서 어린아이와 천사가 있는 그림을 유심히 바라보았습니다. 절벽을 가로지르는 밧줄로 된 나무다리는 군데군데 허물어져 있었고 어린아이가 그곳을 건너려는데 큰 날개 달린 천사가 보호해 주고 있는 그림이었습니다.

하루는 방학을 맞은 초등학교 형들을 따라 작은 냇가로 물놀이를 갔습니다. 형은 자주 쫓아다니는 어린 동생인 나를 귀찮게 여겨 놀려 주기로 작정을 하고 나를 목마 태우고 냇가 가장 깊은 곳으로 서서히 들어가기 시작했습니다. 그곳은 늘 푸른빛을 띠우는 깊은 곳이었습니다. 냇물이 점점 눈앞에 다가오자 나는 겁이 나기 시작했습니다. 형은 갑자기 목에서 나를 떼어 놓았습니다.

나는 놀라서 순식간에 형을 끌어안았습니다. 형과 나는 깊은 물 속에 빠졌습니다. 형은 나를 떼어내려고 온 힘을 다했지만 안되자 강바닥을 엉금엉금 기어서 물 밖으로 나왔습니다. 형과 나는 많은 물을 먹었고 간신히 살아 나왔습니다. 나는 그만 억울해서 모래 바닥에 주저앉아 큰소리로 엉엉 울었습니다. 그리고는 두 번 다시 형을 쫓아가지 않았고 혼자서만 물놀이를 했습니다.

시골 생활이 점점 어려워지자 부모님은 가족을 이끌고 열두 시간 걸리는 야간열차를 타고 부산에서 서울로 올라왔습니다. 구의동에서 작은 방 두 칸에 부모님과 형님들과 누님까지 여러 명이 함께 살았습니다. 가끔 어머니와 나는 부엌에서 함께 지냈는데 어머니의 품속은 늘 내 차지가 되어 행복했습니다.

나는 초등학교를 졸업한 후 1년이 지나 큰 형님의 도움으로 미션 스쿨인 한영 중학교에 입학했습니다. 그때 케네디 대통령이 입학 선물로 꽃다발을 한아름 내게 안겨 주는 꿈을 꾸었습니다.

채플 시간이 되면 전교생이 강당에 모여 예배를 드렸고 "넓은 들에 익은 곡식 황금물결 뒤치며 어디든지 태양 빛에 향기 진동하도다. 무르익은 저 곡식은 낫을 기다리는데 때가 지나가기 전에 어서 추수합시다. 추수할 것 많은 때에 일꾼 매우 적으니 열심 있는 일꾼들을 주여 보내 주소서. 먼동 틀 때 일어나서 일찍 들에 나아가 황혼 때가 되기까지 추수하게 하소서. 거둬 들인 모든 알곡 천국 창고 들인 후 주가 베풀 잔치 자리 우리 참여 하겠네"라는 찬송가를 예배 때마다 자주 불렀습니다.

고등학교 1학년 때 나는 정식으로 교회에 출석했습니다.

성경 선생님인 정성구 목사님이 교회에 출석하면 성경 점수를 주신다고 해서 한 친구의 인도로 왕십리 무학교회에 다니게 되었습니다. 그때 나는 예수님을 만났습니다. 교회 고등부를 담당하던 전도사님은 장로 신학대학원에 재학 중이었는데 그분의 얼굴을 보니 예수님이 보였습니다. 정결하고 거룩하고 은혜로운 눈빛을 보면서 '아, 이분은 예수님 같다'는 생각이 들었습니다.

그러나 믿음이 확고하지 못했던 나는 졸업 후 대학 진학이 안 되자 교회 출석을 잠시 중단했습니다. 그러나 예수님은 항상 나와 함께 계셨습니다. 나는 예수님과 함께 숨 쉬고 있었습니다.

이후 아내를 만나 결혼 초기에 성수동에 있는 성락성결교회를 다니게 되었습니다. 교회 나간 지 두세 달 지난 어느 날 택시 영업을 하고 있던 나는 문화제가 보관된 지방 큰 절의 주지를 태웠습니다. 방배동에서 탄 그분은 김포공항으로 가자고 했습니다.

나는 한참 후에 용기를 내어 "예수님을 믿으세요"라고 말했습니다. 그러자 그 주지는 오히려 내게 이상한 말을 했습니다. "당신은 원래 불교에 와서 중이 되어야 하는데 길을 잘못 들었소."

나는 예수님을 좀 더 설명하며 전도하려고 했지만 성경 지식이 부족하여 자세한 말을 더하지 못했습니다. 그러자 얼굴에는 열이 나기 시작했고 피는 머리로 솟아올랐습니다.

공항이 가까워 왔을 때 나는 마지막으로 "그래도 예수님을 믿어야 구원을 받습니다"라고 말해 주었습니다. 그 말을 들은 주지는 아주 여유로운 표정을 지으며 차에서 내렸습니다. 이 일이 있은 후 하나님께서는 내게 성경 공부를 하게 하셨습니다.

나는 교회에서 청장년을 위한 성경 공부 과정인 베델성서대학에 들어가 2년간 배웠고 주일학교 교사직을 맡아 아이들을 지도하면서 함께 성경 공부를 했습니다. 그리고 여러 교회 목사님들의 설교 말씀 테이프를 구하여 들으므로 예수님에 대한 지식과 성경에 대한 지식을 더했습니다. 이후로 승객에게 보다 많은 지식으로 예수님을 전했습니다. 하나님께서는 내게 전도의 능력을 주셨고 내가 복음을 전하면 사람들이 잘 받아들여 주었습니다. 때로는 경히 여기는 사람도 있었습니다.

한 사람은 내 전도를 받고 은혜를 많이 받았다면서 밤 12시가 다 되었는데 자신의 집으로 나를 데리고 들어가 단칸방에서 아기와 함께 누워 잠든 아내를 깨워 커피 대접을 한 일도 있었습니다.

나는 내 안에 예수님이 살아 계시기 때문에 언제 어디서나 기쁜 마음으로 전도합니다. 당신 안에도 예수님이 살아 계십니다.

무당보다 억만 배나 큰 능력을 가지신 예수님

어느 날 오후, 택시 영업을 하려고 면목동에 있는 차고에서 차를 몰고 나왔습니다. 조금 지나자 동네 길가의 한 집 대문 앞에서 드럼통을 세워 놓고 그 위에서 무당이 굿을 하고 있었습니다.

나는 건너편에 차를 한 쪽으로 세웠습니다. 남자 무당은 악기를 치고 여자 무당은 양손에 기다란 작대기를 잡고 서서, 두 다리 사이에 작두를 두고 뛰면서 춤을 추고 있었습니다. 무당은 그 작두 위로 올라서려고 공중을 바라보면서 한 손으로 무언가 내려오라고 손짓하고 있었습니다. 나는 차 안에서 "주여, 저 무당에게 귀신이 못 들어가게 해 주세요"라고 기도했습니다.

한참을 기다려도 일이 안 되는지 무당은 드럼통에서 내려 왔고 대문 안으로 들어가 버렸습니다. 나는 그 집으로 가까이 가서 담너머로 들여다보았는데 마루에는 음식을 가득 차려 놓았고 무당은 그곳에서 또 뭔가를 하려고 했는데 허둥지둥하면서 쩔쩔매고 있었습니다. 나는 이젠 됐다 하면서 영업을 나갔습니다.

이후 어느 날 밤 광화문 옆 한국일보사 사거리에서 자정 무렵 고급 승용차를 타고 온 한 중이 길바닥에 앉아 노제를 지내려고 촛불을 켜 놓고 북을 치면서 굿을 시작하려는 것을 보았습니다.

나는 즉시 길 옆에 차를 세우고 "주여, 저 중이 굿을 하려고 하는데 못하게 막아 주세요"라고 기도했습니다. 그러자 갑자기 바람이 불어 촛불이 꺼져 버렸습니다. 그 중은 여러 번 촛불을 켜려고 시도했지만 계속 꺼졌고 그러자 중은 북을 챙겨 들고 차를 타고 가 버렸습니다. 나는 그런 일을 보면 그냥 지나치지 못했습니다.

신앙 초기에 그 주지에게 받았던 상처를 되갚아 주었습니다.

이후로 중이 타면 여유를 가지고 말을 건넸고 왜 중이 되었는지 물어보고 그 길에는 구원이 없음을 여러 가지 말씀으로 설명해 주고 예수님께로 돌아오라고 전도했습니다. 승객이 타서 전도의 문이 열리면 짧게는 5분 길게는 한 시간 이상 목적지에 도착할 때까지 전도했습니다. 몸이 아픈 이에게는 성경책에 손을 얹게 하고 병 낫기를 위해 기도해 주고 승객이 물건을 터미널에 두고 승차했을 때는 물건이 터미널에 그대로 있도록 기도했고 승객과 나는 그 물건을 찾은 기쁨을 함께 나누기도 했습니다.

내 말과 기도를 듣고 응답하시는 하나님

당신은 당신의 말과 기도가 다 응답되고 있습니까?

나는 내가 입을 열어 하는 모든 말과 기도가 응답됩니다.

어느 날 밤 택시 영업을 하던 중 라디오를 청취하고 있었습니다. 배한성 아나운서가 급하게 방송으로 도움을 청했습니다. 자신이 30분 전부터 딸꾹질이 나는데 멈추지 않는다고 했습니다. 만일 한 시간 이상 딸꾹질이 그치지 않으면 생명에 위험이 올 수 있다고 걱정하면서 누군가 이 딸꾹질을 그치게 할 수 있는 방법을 알면 도와 달라고 했습니다. 그때 나는 하나님께서 나와 함께하고 계신지가 궁금했습니다. 그리고 하나님께서 지금 함께 하고 계신다면 내 기도에 응답해 주실 것이라 믿고 기도했습니다.

"하나님, 지금 저와 함께 계신다면 배한성 아나운서의 딸꾹질을 멈추게 해주세요. 그리고 지금 음악 한 곡이 나오고 있는데 저 곡이 끝나기 전에 고쳐 주세요."

그 음악이 끝나자 배한성 아나운서가 말했습니다.

"조금 전에 어느 청취자가 냉수 한 사발을 마시면 그칠 거라고 해서 쭉 마셨더니 딸꾹질이 멈추었습니다. 감사합니다."

그때 나의 믿음은 늘 나와 함께 계시는 하나님을 제대로 알지 못했던 것 같습니다. 그리고 구약시대처럼 기도할 때나 급하게 도움을 구할 때만 함께 해 주시는 하나님으로만 알고 있었습니다.

"하나님, 지금 전도할 수 있는 말씀을 주세요." 그리고 끝.

"하나님, 지금 이상한 승객 세 사람이 탔습니다. 위험한 일이 일어나지 않도록 막아 주세요." 그리고 끝.

갑작스런 혈기로 타인에게 쓴 말을 내뱉고는 양심이 찔려서

“하나님 저를 불쌍히 여겨 주세요”라고 기도하고는 끝.

“하나님, 저 무당에게 귀신이 못 들어가게 해주세요.” 귀신이 물러갔네. 그리고 끝.

아내와 심하게 다투고 나면 ‘나는 왜 이렇게 나쁘고 악한 사람일까? 내 속을 봐. 얼마나 악이 많은가? 나는 지금 죽으면 지옥에 갈 수도 있어.’ 그리고 끝.

‘나는 왜 가난하게 살까? 아내가 바라는 만큼 많은 생활비를 못 주고 이렇게 어렵게 살까?’ 그리고 끝.

부부 싸움 후 마음을 달래느라 공원 벤치에 누워 생각하기를 ‘하나님은 왜 내게 인색 하실까?’ 그리고 끝.

새벽기도에 가면 내 앞에서 기도하는 장로님이 “아버지여”라고 부르는데 나는 왜 하나님을 아버지라고 못 부를까? 그리고 끝.

교회에 수년을 출석했는데 ‘성령님이 누구실까? 나는 왜 성령님을 모를까?’ 그리고 끝.

이것이 내 신앙의 전부였습니다. 과연 그럴까요? 아닙니다.

모르면 찾고 찾고 또 찾아야 합니다. 끝까지 찾아야 합니다.

인생의 문제에 대한 해답을 찾지 못하면 죽을 때까지 비참하게 살아야 합니다. 자손 삼사 대까지 저주를 받습니다. 해답을 찾고 깨달으면 자손 천 대까지 복을 받습니다. 당신은 어떻습니까?

“내 아들아, 네가 은을 구하는 것 같이 그것을 구하며 감추어진 보배를 찾는 것 같이 그것을 찾으면 여호와 경외하기를 깨달으며 하나님을 알게 되리니”(잠 2:4~5)라고 했습니다.

당신도 가만히 앉아 있지만 말고 진리를 찾으십시오.

예수님이 십자가에서 다 이루었다는 복음이 진리입니다.

내 인생의 목마름의 문제가 완전히 해결되었다

나는 하나님을 믿는 것에 대해 궁금한 것이 많았습니다.

'무당도 인생 살다가 궁금한 것은 귀신의 도움을 받아 점쳐서 알고 사람들에게 능력을 인정을 받는데, 나는 왜 사도신경에서 말하는 전능하신 하나님을 믿는데 그런 능력이 없을까? 하나님과의 만남이 왜 어려울까? 나는 왜 하나님의 음성을 듣지 못하는 걸까? 저 부흥강사 목사님은 하나님의 음성을 듣는다며 성경 몇 장 몇 절이 하나님의 음성으로 들려 설교한다고 하시는데, 어떻게 하면 나도 그렇게 하나님과의 만남이나 음성 듣기가 가능할까?'

나는 성령 충만하신 그 부흥강사 목사님을 좇아 청원과 진주로 가서 말씀을 들었습니다. 목회자들만 모이는 세미나였지만 집사인 내가 어떻게든 참석하여 깨달음을 얻으려고 했습니다.

그러나 마음속은 늘 허전하고 갈급하기만 했습니다.

성령님은 그 목사님의 성령으로만 끝났고 나와는 아무런 관계가 없었습니다. 말씀도 구약의 심판만 강조하셔서 내 마음의 무거움만 더해졌습니다. 내가 사랑하는 예수님과 십자가는 보이지 않았습니다. 그동안 나는 여러 교회를 옮겨 다녔습니다. 도대체 '어떤 목사님이 내게 성경을 잘 해석하도록 도와주고 성령님에 대해 잘 알 수 있도록 도와주실까?' 하고 찾아 다녔습니다.

그래서 나는 한 교회에 정착하지 못했고 두 자녀는 아버지의 이런 모습을 보면서 교회와 멀어지고 말았습니다. 나는 나그네와 같은 집사가 되었습니다. 하지만 갈급함이 해소되지 않는 곳에서 정착하는 것이 내 양심에 용납되지 않았습니다.

그때 하나님께서는 강남 리바이블 신학교에서 신학 강의를 하시던 김열방 목사님을 만나게 해 주셨습니다. 김열방 목사님은 성령님과 친밀한 교제를 나눈다고 하셨습니다. 나는 '내게도 그런 일이 일어날 수 있을까?' 하고 궁금했습니다. 그리고 목사님이 사용하시는 성경책과 가방을 똑같은 것으로 구입하여 들고 다녔습니다. 우리는 누구를 만나는가가 정말 대단히 중요합니다.

나를 정상에 올려 주는 스승을 만난다면 이보다 더 행복할 수 없을 것입니다. 오랜 세월 신앙 문제로 갈급해 하고 있을 때 하나님께서는 나를 김열방 목사님이 섬기는 잠실의 서울목자교회로 인도해 주셨습니다. 김열방 목사님은 그렇게 갈급하던 나의 신앙 문제를 온전한 복음으로 간단히 요약해서 설명해 주셨습니다.

"죄와 목마름, 병과 가난, 어리석음과 징계와 죽음의 문제를 예수님이 십자가에서 피와 땀과 눈물을 흘리시므로 값을 다 지불하고 다 해결했다. 예수님이 십자가에서 다 이룬 복음을 믿음으로 우리는 의와 성령 충만, 건강과 부요, 지혜와 평화와 생명을 거저 얻게 된다. 예수를 구주로 믿는 순간 우리의 모든 죄를 사함 받고 의로워질 뿐만 아니라 우리 안에서 생수의 강이 철철 흘러넘친다. 느낌과 상관없이 우리 안에 성령님이 가득히 들어와 계신다."

이 엄청난 진리를 깨닫게 해 주셨습니다. 그로 인해 나의 목마른 신앙 문제가 완전히 해결되었습니다. 김열방 목사님은 성경이 제시하는 32,500가지 약속의 말씀을 이러한 일곱 가지로 간단하게 요약해서 온전한 복음으로 제시해 주셨습니다. 내 인생이 완전히 바뀌었습니다. 이제 나는 자리 잡았고 행복을 얻었습니다.

나는 너무 기뻐 식탁에 마주 앉은 아내에게 말했습니다.

"예수님을 믿음으로 나는 의인이 됐어. 성령 충만을 받았어. 건강해졌어. 부요한 자가 됐어. 지혜를 얻었어. 그리고 평화와 생명을 얻었어. 그리스도 안에서 나는 완전히 새로운 피조물이야."

김열방 목사님은 "예수 그리스도께서 우리 모든 사람을 위해 고난을 받으시고 십자가에서 죽으심으로 우리 인생의 모든 죄와 저주의 문제를 다 해결하셨다"고 선포하셨습니다. 내 인생의 모든 문제를 예수 그리스도가 다 해결했다는 놀라운 소식이었습니다.

율법 행위의 수고와 무거운 짐을 다 내려놓으라

당신은 지금 율법의 무거운 짐을 지고 있지 않습니까?

당신도 잠실로 와서 서울목자교회 김열방 목사님을 만나 보기 바랍니다. 예수님은 율법의 짐을 내려놓으라고 말씀하셨습니다.

"수고하고 무거운 짐 진 자들아, 다 내게로 오라. 내가 너희를 쉬게 하리라. 나는 마음이 온유하고 겸손하니 나의 멍에를 메고 내게 배우라. 그리하면 너희 마음이 쉼을 얻으리니 이는 내 멍에는 쉽고 내 짐은 가벼움이라."(마 11:28~30)

나는 김열방 목사님을 만나 '예수님이 십자가에서 다 이룬 복음'을 들으므로 예수님께서 하신 말씀이 무엇인지를 정확히 깨달을 수 있었습니다. 그동안 무거웠던 내 마음의 모든 짐을 한순간에 다 내려놓을 수 있었습니다. 나는 완전한 자유를 얻었습니다.

수고하고 무거운 율법의 멍에를 내려놓자 예수님 안에서 새로운 길이 보였습니다. 예수님 안에서는 모든 것이 얼마나 가볍고 쉬운지 알게 되었습니다. 이 글을 읽는 당신도 김열방 목사님을 통해 주시는 온전한 복음을 깨닫고 함께 복을 받기 원합니다.

하나님은 당신이 무거운 율법의 멍에를 메고 살기를 원치 않으십니다. 오직 예수 그리스도를 믿는 믿음으로 행복하게 살기를 원하십니다. 예수님이 다 이루었습니다. 당신은 믿기만 하면 됩니다. 신앙생활은 믿음으로 시작해서 믿음으로 끝나는 것입니다.

"내가 복음을 부끄러워하지 아니하노니 이 복음은 모든 믿는 자에게 구원을 주시는 하나님의 능력이 됨이라. 먼저는 유대인에게요 그리고 헬라인에게로다. 복음에는 하나님의 의가 나타나서 믿음으로 믿음에 이르게 하나니 기록된 바 오직 의인은 믿음으로 말미암아 살리라 함과 같으니라."(롬 1:16~17)

복음은 하나님의 의가 나타난 것입니다. 사람이 율법의 행위로는 의로워질 육체가 한 명도 없으므로 하나님이 자기 품속에 있는 독생자 예수 그리스도를 보내 우리의 모든 죄와 저주를 짊어지고 십자가에서 피와 땀과 눈물을 쏟으며 죽게 하셨습니다. 그분은 죽은 지 사흘 만에 부활하신 하나님의 아들이십니다. 예수 그리스도가 하나님의 의입니다. 우리는 예수 그리스도를 믿음으로 말미암아 의로워지게 되고 성령 충만해지게 됩니다. 행위가 아닌 오직 믿음입니다. 믿음으로 시작해서 믿음으로 끝나야 합니다.

사람이 정한 기준을 따라 육체의 땀과 피와 눈물을 더 많이 흘리므로 의로워지거나 성령 충만해지거나 능력을 받거나 복을 받는 것이 결코 아닙니다. 하나님이 정한 기준을 따라 예수님이 십자가에서 우리 대신 땀과 피와 눈물을 다 흘렸다는 사실을 믿음으로만 의로워지고 성령 충만해지고 능력을 받고 복을 받습니다.

이뿐만 아니라 나는 이제까지 알지 못했던 성령님과의 만남과 실제적인 교제에 대해서도 자세한 가르침과 지도를 받아 새로운 기쁨을 누리고 있습니다. 믿음은 들음에서 나며 들음은 그리스도의 말씀으로 말미암습니다. 그리스도의 말씀을 풍성히 누리는 길은 성령님께서 직접 주시는 감동과 또 먼저 깨달은 선지자를 통하여 듣는 자에게 이루어지는 것입니다. 당신도 성령님과의 교제를 시작하십시오. 그분과 동행하는 삶은 말할 수 없이 행복합니다.

의인인 당신의 간구는 역사하는 힘이 많다

당신은 의인입니까? 죄인입니까?

나는 그리스도 안에서 의인이 되었습니다. 그러므로 무엇이든지 기도하고 구하는 것은 응답받습니다. 야고보 사도는 "의인의 간구는 역사하는 힘이 많다. 병 낫기를 기도하라"고 말했습니다.

나는 동두천 미군 부대에서 청소차를 운행한 적이 있습니다.

미군들이 쓰다 버린 쓰레기를 여러 대 싣고 회사에 와서 마당에 쏟아 놓고 인부들과 같이 분류 작업을 했습니다. 20일간 이 일을 하고 나자 허리에 통증이 왔습니다. 통증이 점점 심해져서 편히 운전을 못 할 정도가 되었고 이 후에는 더욱 악화되어 끊어질 듯 한 허리 통증으로 침대에 간신히 기어 올라갈 정도였습니다. 그때 나는 김열방 목사님이 저술하신 〈신유를 사모하라〉는 책에서 분명히 병이 나았다고 믿고 자신에게 안수하면 병이 고쳐진다고 해서 몇 번 안수하고 다 나았다고 했지만 여전히 통증이 있었습니다. 나는 누워서 이렇게 계속 아플 거라면 차라리 죽는 것이 낫겠다고 생각했습니다. 극심하게 아픈 사람이 생을 포기하는 심정을 느껴 봤습니다. 그러다 나는 침대에서 벌떡 일어나 거실을 왔다 갔다 하면서 "왜 이렇게 병이 낫지 않는 거야" 하면서 병에 대해 화를 냈습니다. 그러자 순식간에 통증이 사라졌습니다.

나는 그 자리에서 두 손을 번쩍 들고 펄쩍펄쩍 뛰면서 "할렐루야, 내가 나았어. 통증이 사라졌어" 하고 기뻐했습니다. 정말 그 극악한 통증이 감쪽같이 사라졌습니다. 나는 이렇게 내가 가진 병을 목사님이 쓰신 저서를 읽고 실천하여 직접 고쳐 보았습니다.

당신도 병 낫기를 위해 기도하십시오. 깨끗이 나을 것입니다.

"그러므로 너희 죄를 서로 고백하며 병이 낫기를 위하여 서로 기도하라. 의인의 간구는 역사하는 힘이 큼이니라."(약 5:16)

병이 낫기를 위해 기도하면 능력이 나타난다

당신은 다른 사람의 병 낫기를 위해 기도한 적이 있습니까?

어느 날 밤이었습니다. 나는 "꽝" 하는 소리와 함께 타우너 운전대를 잡은 채로 교차로 가운데서 차와 함께 넘어졌습니다. 어떤 RV 큰 차량이 신호를 무시하고 오면서 내 차 옆을 박은 것입니다. 나는 일산 백병원 응급실로 실려 갔습니다. 그곳에서 머리와 목과 허리를 치료받으면서 지친 몸도 함께 쉬었습니다.

하루는 밤늦은 시간 병원 휴게실에서 한 젊은 부부가 의자에서 잠을 자고 있었습니다. 나는 추워 보이는 부부에게 담요 한 장을 건네주었습니다. 그 부부는 다음 날에도 또 휴게실에서 잠을 자려고 왔습니다. 나는 TV를 보려고 나왔다가 그 부부가 왜 휴게실에서 잠을 자는지 물어보았습니다. 그 부부는 자신의 어린 딸이 병명도 모르는 채 중환자실에서 의식을 잃고 죽어 가고 있다고 했습니다. 그래서 나는 아이를 위해 기도해 주고 싶어서 중환자실에 들어갈 수 있도록 허락해 달라고 부탁했습니다.

이틀 후 낮 12시에 가족 면회 시간대에 잠깐 만나 볼 수 있다고 약속을 받았습니다. 친 할아버지가 먼저 면회를 마치자 나를 어린 아이에게로 안내했습니다. 어린 여자 아이는 눈을 조금 뜬 채로 허공을 멍하게 바라보고 꼼짝도 하지 않았습니다.

나는 김열방 목사님이 가르쳐 준 "예수님이 십자가에서 다 이루었다"는 온전한 복음에 대한 믿음과 〈신유를 사모하라〉는 책에서 지시해 준 신유에 대한 믿음을 가지고 그 아이의 발목을 잡고 소리 나지 않게 조용히, 그러나 강력하게 기도했습니다.

"예수님, 이 아이의 병을 고쳐 주세요. 이 아이의 병이 떠나가게 해주세요. 나사렛 예수의 이름으로 명령하니 이 아이의 질병아, 떠나가라! 예수님의 이름으로 기도합니다. 아멘!"

그리고 중환자 병실에서 나왔습니다. 이후에 나는 병원에서 치료를 마치고 퇴원을 했습니다. 퇴원한 지 1년이 되던 2013년 어느 날 그 아이의 아버지로부터 전화가 왔습니다. 자신의 딸이 기도를 받은 후 한 달 만에 일반 병실로 옮겨졌고 병이 다 나았다고 했습니다. 이제는 건강하게 잘 지낸다는 말을 전해 왔습니다.

그리고 그동안 신앙생활에 시험이 들어서 쉬고 있었는데 이제 집 근처에 있는 화곡동 교회에 출석하여 예배를 드린다고 했습니다. 나는 그 아이를 위해 "하나님, 이 아이에게 건강과 지혜를 주세요. 훌륭한 사람이 되게 해 주세요"라고 기도해 주었습니다.

전에는 기도하면 막연히 '하나님께서 고쳐 주시겠지'라는 믿음에서 출발했지만 이제는 "예수님께서 저와 모든 사람의 연약함을 담당하시고 우리의 모든 병을 위해 채찍에 맞았으므로 우리가 나음을 받았다"는 말씀과 십자가에서 "다 이루었다"(요 19:30)는 믿음을 가지고 기도를 시작합니다. 모든 질병은 이러한 믿음을 가진 자의 기도를 통해 성령님께서 역사하시므로 치료됩니다.

당신도 이 사실을 믿고 병 낫기를 위해 구하기 바랍니다.

나는 장거리 운행 중 두통이 심할 때마다 내 머리에 스스로 안수하여 "나사렛 예수 이름으로 명령하니 두통은 떠나가라"고 기도합니다. 그러면 잠시 후 두통이 사라지고 편안해집니다.

이제 나는 치유에 대한 사역이 내게서 좀 더 강하게 나타나기를 위해 기도합니다. 하나님께 오른 손을 높이 들어 "하나님, 이

손이 주님의 손이 되게 해주세요. 이 손을 얹고 기도할 때마다 모든 병든 자들이 고침을 받는 치유의 역사가 강하게 나타나게 해주세요"라고 기도합니다. 온전한 천국 복음으로 일하는 신유 사역자가 되기를 원하고 있습니다. 이미 그렇게 되었습니다. "그러므로 내가 너희에게 말하노니 무엇이든지 기도하고 구하는 것은 받은 줄로 믿으라. 그리하면 너희에게 그대로 되리라."(막 11:24)

당신은 백배의 축복을 받는 비결을 알고 있습니까?

당신은 백배의 축복을 받는 비결을 알고 있습니까?

나는 백배의 축복을 받는 비결을 알고 있습니다. 어떻게 하면 될까요? 먼저 재정에 대한 선입견을 버리고 확신을 가져야 합니다. 자동차가 움직이려면 연료가 있어야 합니다. 전투 중인 비행기의 연료 탱크에 연료가 바닥이 난다면 이처럼 시급한 일이 어디 있겠습니까? 삶의 연료는 곧 돈입니다. 돈이 없으면 정상적인 생활도, 모든 선교와 구제와 선한 사업도 멈추게 됩니다.

돈은 이 땅에 살 동안에 꿈과 소원을 이루기 위한 연료와 같습니다. 꼭 필요합니다. 그것도 넉넉하게 많이 있을수록 좋습니다.

한 부부는 사업을 시작하여 그것을 성공시키려고 수년간 밤낮으로 노력했으나 원하는 수익을 내지 못했습니다. 아내는 식당에서 일하여 사무실 월세와 가족 생활비를 충당하느라 갖은 고생을 했지만 그 사업체는 더 이상 견디지 못하고 폐업하고 말았습니다.

또 한 사업가는 사업의 성공 비법을 가지고 사업한 결과 많은 수익을 냈고 넓은 집과 고급 승용차를 소유했습니다. 그리고 여행도 하고 여유로운 삶을 사는 것을 보았습니다. 왜 그럴까요?

간단히 말하면, 망하는 사람은 망하는 비결을 가지고 있고 성공하는 사람은 백배로 성공하는 비결을 가지고 있기 때문입니다.

우리 인생에 있어서 망하지 않고 성공하는 비결을 알 수 있다면 그보다 더 좋은 것이 어디 있겠습니까? 그 비결이 무엇일까요? 마태복음 13장 23절에 "좋은 땅에 뿌려졌다는 것은 말씀을 듣고 깨닫는 자니 결실하여 어떤 것은 백 배 어떤 것은 육십 배 어떤 것은 삼십 배가 된다"고 예수님께서 말씀하셨습니다.

당신도 나와 함께 백배의 축복을 받아 누리고 싶지 않습니까?

예수님의 지혜로 백배 축복을 받도록 깨달음을 주는 서울목자교회로 나오십시오. 천국같이 살다가 천국으로 갈 수 있습니다.

성경에 나오는 아브라함 이삭 야곱 요셉 모세 다윗 솔로몬 욥 같은 인물들은 모두 이 땅에서 행복과 부요를 누렸습니다.

예수님은 우리의 죄만 아니라 가난도 다 짊어지셨습니다.

"우리 주 예수 그리스도의 은혜를 너희가 알거니와 부요하신 자로서 너희를 위하여 가난하게 되심은 그의 가난함을 인하여 너희로 부요케 하려 하심이니라."(고후 8:9)

예수님께서 십자가에서 피 흘려 죽으신 것은 우리로 하여금 죄를 사함 받고 성령으로 거듭나 하나님의 자녀가 되게 하기 위함이요 또한 이 땅에서부터 하나님의 자녀답게 천국의 행복과 부요를 누리며 살도록 하기 위함이었습니다. 예수님을 믿으면 불행한 사람이 행복해지고 가난한 사람이 부요해집니다.

나는 온 마음을 다해 예수님을 사랑합니다

당신은 예수님을 사랑하십니까?

나는 온 마음을 다해 예수님을 사랑합니다.

예수님께서 베다니라는 동네에 계셨을 때 한 여인이 매우 귀한 향유 한 옥합을 가지고 나와서 예수님의 머리에 쏟아 부어 드렸습니다. 당신도 예수님을 사랑하는 마음을 가지고 있다면 지금 그 마음을 예수님께 쏟아 부으십시오. 예수님보다 좋은 분은 없습니다. 예수님은 당신을 구원하기 위해 당신의 모든 죄와 허물, 저주를 다 짊어지고 십자가에서 피와 땀과 눈물을 흘리셨습니다.

그분은 당신을 사랑하시되 마음을 다하고 목숨을 다하고 힘을 다하고 뜻을 다해 사랑하셨고 지금도 그렇게 사랑하십니다.

우리 교회는 이 큰 사랑을 깨닫고 가르치고 있습니다.

당신도 이제 잠실 서울목자교회에 나와서 김열방 목사님을 통한 예수님의 크신 은혜를 받아 보십시오. 인생이 바뀔 것입니다.

나는 우물가의 여인처럼 목이 말랐습니다. 그래서 전국을 돌아다니며 생수의 강에 대한 복음의 말씀을 찾고 찾았습니다. 그러다 지금 이렇게 깨달음을 얻고 내 배에서 생수의 강이 흘러나오고 있습니다. 나는 더 이상 목마르지 않습니다. 당신도 예전의 나처럼 갈급한 심령을 가지고 있다면 생수를 부어 주시는 예수님을 만나십시오. 영원히 목마르지 않는 생수를 마셔 보십시오.

예수님이 당신 대신 십자가에 매달려 목마르셨고 당신의 목마름을 다 가져가셨습니다. 예수님은 이렇게 외치셨습니다.

"내가 목마르다."(요 19:28)

이제 예수님을 구주로 믿는 당신의 배에서 생수의 강이 흐르고 있습니다. 하나님은 멀리 계신 것이 아니라 당신 안에 생수의 강으로 가득히 들어와 계십니다. 나도 예전에는 하나님이 어디 계신지 몰랐고 내가 하나님을 부르면 내게 침묵하시는 것 같았습니다. 그러나 이제는 하나님이 내 안에 가득히 계심을 압니다. 내가 하나님을 찾으면 그분은 내게 세미한 음성으로 말씀해 주십니다.

"아들아, 사랑한다. 아들아, 사랑한다. 내가 너를 크게 쓰리라. 내가 너를 크게 쓰리라. 너는 나만 바라보아라. 내가 너를 도와주고 있지 않느냐?"

인생은 만남의 축복을 통해 성장합니다. 나로 하여금 김열방 목사님을 만나게 해주신 성령님을 찬양합니다. 나를 영원한 죄에서 구원하여 주시고 영생의 은혜와 자비와 긍휼을 베풀어 주신 우리 구주 하나님 아버지를 억만 번이나 사랑합니다.

예수님이 십자가에서 다 이룬 복음이 나를 살렸다

예수님은 당신에게 어떤 의미로 기억됩니까?
나는 내 인생을 완전히 바꾼 놀라우신 분으로 기억됩니다.

6.25 동란 중 온 천지에 새하얗게 눈이 쌓인 어느 날이었습니다. 한 미국 선교사님 부부가 차를 몰고 개울가 작은 다리를 건너가고 있는 중이었습니다. 그런데 어디서 아기 울음소리가 들려왔습니다. 선교사님이 차에서 내려 보니 다리 밑에는 갓 태어난 여자 아기가 엄마 품에 안겨져 있었습니다. 젊은 여인은 그의 옷을 모두 벗어서 자신의 아기를 감싸고 또 감싸 주었습니다. 그리고 그 여인은 실오라기 하나도 걸치지 않은 채로 숨을 거두었습니다.

선교사님은 그 아기를 안고 본국으로 돌아갔습니다.

선교사님은 그 아이를 키우고 공부도 시켜 주었습니다. 아이가 성장하여 청년이 되었을 때 선교사님은 청년과 함께 한국으로 돌아왔습니다. 그리고 그 어머니의 무덤에 데려다 주었습니다.

흰 눈은 눈앞을 볼 수 없을 정도로 휘날렸습니다. 청년은 어머니 무덤가에서 옷을 하나씩 벗었습니다. 그리고 그의 옷을 어머니 무덤에 모두 덮었습니다. 이제 청년은 실오라기 하나도 걸치지 않은 채로 어머니의 무덤 앞에 섰습니다. 그리고 말했습니다.

"어머니, 얼마나 추우셨어요."

2천 년 전 우리 구주 예수님은 예루살렘 성 밖 골고다 언덕에서 당신과 나를 감싸 안고 십자가에서 나직이 말씀하셨습니다.

"다 이루었다."(요 19:30)

그리고 큰 소리로 외치시고 조금 후에 숨을 거두었습니다.

"테텔레스타이!!!"

이 말은 '흠 없이 완전하게 다 마쳤다'는 뜻입니다.

그분은 우리를 위한 구속 사역을 완성하셨습니다.

우리는 그분을 믿기만 하면 됩니다.

이 복음이 나를 살렸습니다.

내 인생을 바꾼 성령님. 제 4 부 - 정연주

천재적인 지혜를 주신 성령님

당신은 책을 써낸 적이 있습니까?

나는 내 인생에 처음으로 이렇게 책을 쓰기 시작했습니다.

성령님이 내게 책을 쓸 수 있는 천재적인 지혜를 주셨고 나는 천재 작가가 되었습니다. 당신도 나처럼 책을 쓰겠다는 꿈을 가지십시오. 내 삶과 깨달음을 담은 책을 한 권 펴낸다는 것은 다른 사람이 쓴 책을 수천 권 읽고 외우는 것보다 더 크고 가치 있는 일입니다. 내가 쓴 책이 자손 천대까지 남아 영향을 미치기 때문입니다. 하나님은 내게 책을 써내라고 지시하셨습니다.

"이제 가서 백성 앞에서 서판에 기록하며 책에 써서 후세에 영원히 있게 하라."(사 30:8)

나는 이 엄청난 도전에 충격을 받았습니다. 책을 읽고 공부하고 외우는 것은 누구나 할 수 있지만 책을 쓰는 것은 아무나 할 수 없습니다. 하나님이 천재적인 지혜를 주셔야만 가능합니다.

나는 처음으로 책을 펴내면서 많은 생각이 교차했습니다.

정말 많은 고민과 번뇌를 했습니다. 어떻게든 순종하고 책을 써야 한다는 생각에 자나 깨나 내 마음은 시달리고 괴로웠습니다.

'정말 나도 해낼 수 있을까? 과연 이게 가능한 일일까?'

가방 끈이 짧은 나는 3주 가까이 머리를 갸우뚱하며 힘들어했습니다. 그리고 내린 결과는 나도 할 수 있다는 믿음이었습니다.

'그래! 나도 성령님이 내 안에 계시는데 내가 뭘 망설이지? 솔로몬보다 더 크신 예수 그리스도가 내 안에 실제로 살아 계시는데 왜 안 돼? 나도 할 수 있어. 나는 혼자가 아니야. 모든 일에 나와 함께 하시겠고 약속하신 성령님을 의지하면 못할 것이 없어.'

나는 용기를 냈습니다. 김열방 목사님의 책을 읽고 감동이 되어 연락해서 직접 만나 뵈었습니다. 정말 순수하시고 성령님과 늘 교제하시는 분이란 걸 단번에 느꼈습니다. 나에게 많은 위로와 기도로 축복해 주셨고 또한 작가의 길을 안내해 주시며 할 수 있다고 용기를 주셨습니다. 책은 아무나 못 쓴다는 것도 알기에 망설이고 있을 때 목사님은 강권적으로 이끄셨습니다.

나는 순종하는 마음으로 성령님을 의지해 책 쓰기를 실천했습니다. 당신도 성령님의 힘을 빌려 나처럼 책을 한 번 써 보지 않겠습니까? 책을 쓰면 당신의 인생이 바뀝니다. 수십 년간 살았던 삶을 정리하고 더 크게 깨닫고 성장하고 발전하게 됩니다. 그리고 그동안 당신의 인생에 베풀어 주신 하나님의 큰 사랑과 은혜,

인도하심과 공급하심을 발견하고 감사하게 됩니다.

나는 지금 기적적으로 책을 쓰고 있습니다. 두 달 전만 해도 그저 평범한 신앙인이었고 지옥 같은 삶을 살고 있었습니다.

살다 보면 이런 일 저런 일, 크고 작은 일들에 부딪힐 때가 너무 많습니다. 유독 고난이 많은 나였기에 남이 써 놓은 글들을 뒤척거리며 위로를 받곤 했습니다. 성경책도 다섯 번을 읽었습니다. 하지만 읽을 때만 감동을 받고 덮으면 또 제자리였습니다.

나의 마음은 여전히 허전했습니다. 도대체 어떻게 해야 할까요? 성경책을 늘 가까이 두고 읽으면서도 하나님과 예수님은 아주 먼 곳에 계신 분으로만 여겨졌습니다. 그러던 중 또 습관적으로 기독 서점에 가서 여러 권의 책을 빼서 읽기 시작했는데 그때 〈성령님과 실제적인 교제법〉이란 책이 내 손에 들려졌습니다.

집에 와서 정식으로 읽으면서 '어? 재미있네. 저절로 읽혀지네. 나도 따라 해 봐야지'라는 생각이 들었습니다. 성령님에 대한 많은 의문이 풀리면서 끝까지 단번에 읽어 내려갔습니다. 그 책을 통해 많은 깨달음을 얻고 내 인생이 완전히 바뀌었습니다.

먼저, 믿음의 말이 제일 중요하다는 것을 기본적으로 알면서도 왜 그렇게 나에게는 잘 안 되었는지, 믿음이 약했던 나는 늘 제자리에 있었습니다. 김열방 목사님의 〈성령님과 실제적인 교제법〉을 읽고 그 책에서 지시한 대로 실천하며 성령님과 많은 대화를 하기 시작했습니다. 그 책에는 믿음을 강조했습니다. 믿음으로 성령님의 임재를 인정하고 믿음으로 그분과 사귀어야 한다는 것입니다. 믿음이 없이는 하나님을 기쁘시게 할 수 없습니다.

그렇습니다. 신앙생활은 처음부터 끝까지 믿음입니다.

"믿음으로 믿음에 이르나니 오직 의인이 믿음으로 살리라."

믿음의 말로 복을 받고 믿음으로 성령의 은사를 받습니다.

믿음으로 기도하고 입술로 시인하면 산이 옮겨지고 기도한 대로 다 이루어집니다. 무엇보다 예수님이 십자가에서 내 대신 피와 땀과 눈물을 흘리며 모든 죄와 저주에 값을 다 지불하고 다 이루었다는 사건을 믿어야 합니다. 나는 이것이 믿어졌습니다.

"다 이루었다."(요 19:30) "두려워 말고 믿기만 하라."(눅 8:50)

예수님이 십자가에서 다 이루셨기 때문에 내가 더 이상 해야 할 일은 없고 예수님이 값을 다 지불했기 때문에 내가 더 이상 지불해야 할 값은 없습니다. 나는 믿음으로 의와 성령 충만, 건강과 부요함, 지혜와 평화와 생명을 얻었습니다. 내 안에 하나님의 성령이 강물처럼 가득히 들어와 계십니다. 그래서 행복합니다.

아브라함의 바랄 수 없는 중에 바란 그 믿음이 이해되었고 나도 그런 믿음을 가지게 되었습니다. 믿음의 법이 깨달아지자 나의 속사람이 변한 것을 알 수 있었습니다. 나에게도 아브라함처럼 큰 믿음이 생겼습니다. 매일 큰 깨달음이 다가왔습니다.

나의 생각이 변화되었습니다. 예수님이 내 안에 살아 계심이 확인되었습니다. 그러자 성경을 보는 눈도 활짝 열렸습니다. 성경이 다른 관점 곧 '복음과 믿음'으로 다시 보이기 시작했습니다.

주님이 주시는 큰 평안도 느낍니다. 마음에 부요 의식이 크게 다가왔습니다. 하나님 아빠가 부자이므로 나도 부자입니다. 하나님 아빠는 작은 부자가 아닙니다. 우주의 대부호이십니다. 나는 그분의 자녀가 되었고 상속자가 되었습니다. "아버지가 이르되 얘 너는 항상 나와 함께 있으니 내 것이 다 네 것이로되."(눅 15:31)

나는 어제의 내가 아니라 성령의 이끌림을 받는 성령의 사람이 되었습니다. 성령님은 내 안에 가득히 계시고 나를 덮고 계셨습니다. 그분은 멀리 계신 하나님이 아니라 내 앞에 실제로 임재 해 계신 나의 하나님이셨습니다. 나는 책속으로 성령님과 함께 푹 빠져 들어가고 있었습니다. 나는 나의 성령님을 찾았습니다.

끝도 없는 어둠에서 헤매는 내게 성령님이 강한 빛으로 찾아오셔서 나를 위로하고 감동시키고 행복을 느끼게 하셨습니다.

참으로 나는 놀라운 기적을 체험했습니다.

사실 나의 눈은 망막 수술과 백내장으로 왼쪽과 오른쪽 초점이 맞지 않아 책을 읽지 못하고 있었습니다. 돋보기를 끼고도 5분을 넘기지 못하고 어지러워 누워 있어야 했습니다. 두 눈을 감고 회복될 때까지 가만히 있어야 했습니다. 그런 내가 김열방 목사님의 책을 그것도 600쪽이나 되는 책을 단숨에 읽어 내려갔습니다. 오, 놀랍도다! 나의 하나님, 억만 번이나 감사합니다.

성령님이 함께하시면 피곤하지도 않고 새 힘을 얻어 독수리 날개 치며 올라감 같다는 것을 경험했습니다. 책을 이렇게나 많이 읽을 수 있다니? 난 그런 나 자신이 무척 신기하고 놀라웠습니다.

믿는 자에게는 능치 못함 없다 하신 말씀 이 피부로 와 닿았습니다. "주님, 이제부터는 큰 믿음으로 살겠습니다. 믿음이 없으면 주님을 기쁘시게 못한다고 했습니다. 저에게 큰 믿음을 주세요."

크신 예수님이 내 안에 실제로 살아 계신다

'아! 이런 거였구나.'

나는 더욱 예수님을 모시고 큰 믿음을 가지게 되었습니다.

나는 로마서 1장 17절 말씀을 좋아합니다. "복음에는 하나님의 의가 나타나서 믿음으로 믿음에 이르게 하나니 기록된 바 오직 의인은 믿음으로 말미암아 살리라 함과 같으니라"고 했습니다.

이 복음의 말씀이 내 마음에 깨달아지기 시작했습니다.

제일 좋아했던 이 말씀이 살아 움직이며 나의 마음을 온통 뒤집어 놓았습니다. 그렇게 외워도 막연했던 믿음이 지금은 쉽게 내 마음을 노크하고 내 안에 가득 들어와 자리 잡았습니다.

신앙생활은 믿음으로 시작해서 믿음으로 끝납니다.

무엇을 믿습니까? 내 행위를 믿는 것이 아니라 하나님이 행하신 큰일을 믿는 것입니다. 하나님의 큰일은 하나님의 의가 나타났다는 것입니다. 하나님의 큰 의는 곧 예수 그리스도를 믿음으로 말미암아 의로워진다는 것입니다. 사람이 율법의 행위로 의로워질 육체가 한 명도 없으므로 하나님이 한 의를 예비하셨는데 곧 예수 그리스도를 믿음으로 말미암아 의로워지게 한 것입니다.

의로워지는 것만 아니라 성령 충만해지는 것도 오직 믿음이었습니다. 성령의 단비가 믿음으로 시작해서 믿음으로 끝난다는 주님의 음성이 나를 변화시켜 주었습니다. 나는 생명력 있는 믿음으로 하나님의 성령이 한강처럼 내 안에 가득히 흐르고 있다는 것을 깨달아 알았습니다. 기름 부음이 내 안에 가득합니다.

예수님의 대속의 은혜가 내게 넘칩니다. 예수님이 십자가에서 나를 위해 피와 물을 흘리며 죽으셨다는 것과 그분이 부활하셨다는 사실이 깨달아짐으로 믿어짐으로 내 인생이 바뀌었습니다.

성령님이 이 모든 것을 알게 해 주셨습니다. 나는 "억만 번이나 감사합니다"라고 외쳤습니다. 나는 믿음이 없어 늘 방황하고 괴로운 일이 많았습니다. 그저 형식적인 믿음이었고 진정으로 하나님을 만나지 못했던 것입니다. 그렇게 60평생이 지났습니다.

"오, 주님. 감사합니다."

믿음으로 말미암아 예수님의 영이신 성령님이 내 안에 가득히 들어와 계심이 깨달아지는 순간 온몸에 희열과 기쁨이 가득 찼습니다. 매일 읽었던 말씀이었습니다. "믿어라, 믿어라, 믿어라"고 교회마다 외치는 그 말씀이 이제야 깨달아지는 것은 왜일까요?

성령님이 때가 되어 알게 주셨다고 봅니다. 지금은 예수님이 나의 모든 죄와 저주와 가난과 질병과 어리석음을 짊어지고 피와 물을 쏟으며 골고다의 길을 가신 것과 그분이 나를 위해 죽으시고 나를 위해 부활하신 것이 완전히 믿어집니다. 그로 인해 나의 삶 전체가 천국으로 변했기 때문입니다.

나는 날마다 큰 꿈을 꾸며 성령님과 동업합니다.

성령님은 인격자로 내 안에 들어와 계시고 나를 덮고 계십니다. 성령님의 임재가 항상 내 눈 앞에 실제로 있습니다. 성령님과 함께 하는 삶은 기쁨이 충만하고 즐거움이 가득합니다. 나는 성령님의 얼굴을 보고 성령님과 대화를 나누고 성령님을 모시고 다니며 성령님께 도움을 구하고 있습니다. 그 결과 나의 쓴 뿌리들이 하나씩 하나씩 빠져 나가는 것을 느꼈습니다.

김열방 목사님의 책 〈성령님과 실제적인 교제법〉을 읽으면서 그분에게 남다른 깨달음이 있음을 알 수 있었습니다. 김열방 목사님이 자신의 삶 가운데 있었던 일과 깨달음을 쉽게 믿고 적용할 수 있도록 책자를 펼쳐 내셨음을 인해 나는 감사했습니다. 그 책을 읽으면서 큰 감동과 깨달음을 얻어 이제 살 것 같은 안도의 숨을 쉬고 있습니다. 무엇을 깨달았냐고요? 천국의 행복입니다.

첫째, 나는 한 달 전에 지옥 같은 생활이었지만 지금은 아주 행복하기 때문에 그렇습니다. 이 행복은 그 무엇과도 바꿀 수 없습니다. 한 달 전만 해도 왜 그런지 성경 말씀이 내 안에 있지 않고 그저 형식적인 것으로 무의미한 습관이 돼 있었습니다.

나의 형식적인 믿음, 깨달음이 없는 형식적인 삶과 형식적인 이웃 사랑, 형식적인 주님 사랑, 모든 것이 형식적인 행위, 종교적인 행위였다고 성령님은 알려 주셨습니다. 이제 형식적인 행위는 졸업하라고 하시기에 졸업했습니다. 형식적으로 교회를 다니며 의무감을 다하는 것이 내게 무슨 유익이 있겠습니까?

부담감을 안고 행복하지 않은 신앙생활을 하는 사람은 그 몸과 마음이 늘 지쳐 있습니다. 그렇게 생명이 없는 믿음이 얼마나 내 인생을 괴롭게 했는지 나는 뼈저리게 느꼈습니다. 나는 지난날들을 회개했습니다. 이제 나는 옛것이 지나가고 새로운 피조물로 재탄생되었습니다. 이제 주님이 주신 약속의 말씀들이 있기에 어린 아이 발자국처럼 한 발 한 발 내딛으며 기도한 것은 받은 줄로 믿고 행복하게 살아갑니다. 믿음은 '바라는 것들의 실상'인 것도 확실히 깨달았습니다. 내 인생은 내가 바라는 대로 다 됩니다.

날마다 주님의 기적들을 체험하며 하나님 마음을 조금씩 알아가고 있습니다. 〈성령님과 실제적인 교제법〉 책을 만나면서 어제와 오늘이 달라지고 내 인생이 완전히 바뀌었습니다. 이것이 내게는 정말 큰 기적이었습니다. 내가 제일 잘한 것은 순종함으로 책을 쓰겠다고 마음먹은 것입니다. 당신도 책을 쓰십시오.

오늘도 나는 여전히 "성령님, 안녕하세요?"로 시작하여 내 앞에 인격자로 임재 해 계신 성령님의 얼굴을 바라보고 그분과 대화하며 그분을 모시고 다니며 그분께 도움을 요청하고 있습니다.

"성령님, 오늘은 무엇을 어떻게 써야 할까요?"

"너의 기쁨을 써라."

성령님을 만난 날이 내 인생 가장 기쁜 날이다

당신의 인생에서 가장 기쁜 날이 언제였습니까?

나는 성령님을 만났을 때가 가장 기뻤습니다.

이 기쁨을 사랑하는 동생들에게 말했습니다. 성령님에 대한 깨달음을 이야기하자 그 깨달음이 전이되어 기쁨이 백배로 증가되었습니다. 동생들은 시들은 영혼이 단비로 적셔지고 눈물까지 흘리며 감사의 말을 했습니다. 성령님은 우리 형제들의 곤고함을 누구보다 더 잘 아시고 '믿음의 은사'를 주기를 원하셨습니다.

지금까지 고통 가운데 믿음이 약하여 어려움을 당한 우리 형제들을 사랑하셨기에 나를 부르시어 깨닫게 하신 것입니다.

나는 믿음의 은사로 성령님께 구합니다. "믿음으로 구한 것은 받은 줄로 믿어라" 하신 것을 내 생활 속에 실천하고 있습니다. 나는 순종하므로 내가 예전에 생각지도 못했던 큰 꿈들을 다시 꾸고 그것이 이루어지기를 간절히 사모하게 되었습니다. 나는 기도한 것은 받은 사람처럼 행동하고 말하고 있습니다. 성령 안에서 시간과 공간을 초월해 내 모든 꿈이 이루어졌다는 것을 믿기 때문입니다. 이것이 곧 성경에서 말하는 하나님의 믿음입니다.

하나님의 믿음을 배우고 알게 하신 분은 바로 성령님이십니다.

나는 믿음의 은사가 있기 때문에 하나님이 내게 말씀하신 것을 담대하게 밀고 나갑니다. 성령님은 나에게 없는 것을 구하라고 하셨습니다. 그것이 무엇이든 구하면 다 주신다고 하셨습니다.

"지금까지는 너희가 내 이름으로 아무 것도 구하지 아니하였으나 구하라. 그리하면 받으리니 너희 기쁨이 충만하리라."(요 16:24)

당신은 최근에 하나님께 무엇을 구했습니까? 왜 담대히 구하지 않습니까? 그동안 믿음이 없어 구하지 못한 것이 부끄러웠습니다.

"너희가 얻지 못함은 구하지 아니하기 때문이요."(약 4:2)

성령님의 사랑하심과 이끄심이 나의 마음에 강하게 자리 잡고 있음에 나는 감격하고 감사했습니다.

"성령님, 저의 꿈은 죽어 가는 수많은 영혼을 살리는 것입니다. 그러한 하나님의 선한 일꾼이 되고 싶어요."

나는 늘 전도와 선교에 대한 간절한 바람이 있었습니다.

그런데 이렇게 책으로 전도하고 선교하게 되어 너무 기쁩니다.

나는 시작이 반이라고 생각합니다. 지금 이렇게 시작은 겨자씨 처럼 미약하지만 이것이 큰 나무가 될 거라고 확신합니다.

"나는……"이라고 믿음으로 한 걸음 내디디며 책을 쓰기 시작했는데 성령님이 계속 줄줄 써지게 하셨습니다. 천재적인 기름 부음이 내게 나타나기 시작했습니다. 나는 작가가 되었습니다.

내 평생에 책을 쓸 줄은 꿈에도 몰랐습니다. 그런 내가 이렇게 책을 써내므로 문서 선교를 하게 되었습니다. 나의 가장 큰 꿈이 이루어진 것입니다. 그렇다면 다른 모든 꿈도 이루어질 것입니다.

하나님은 전지전능하신 분입니다. 우리가 기도한 것이 금방 응답이 안 되는 것 같아 낙심될 때가 있지만 막상 하나님이 마음먹고 응답하실 때는 하루 만에도 다 주십니다. 당신도 믿으십시오.

"하나님은 하루 만에도 다 주신다."

나는 성령님을 만나서 수다쟁이로 변했습니다.

내가 만나는 사람마다 주님의 사랑을 이야기하기 때문입니다.

나를 좋아하는 사람들이 내 이야기를 듣고 싶어 합니다.

나는 깨달음을 나누며 그들과 교제합니다. 정말 신이 납니다.

나의 가장 친한 친구이신 성령님께도 말을 많이 합니다.

"성령님, 저는 가족 타운이 필요합니다. 세계에서 제일 좋은 요양원도 주시고 아들의 결혼 문제도 해결해 주세요. 땅과 좋은 집도 주세요. 세계적인 대 부흥강사로 저를 써 주세요."

나는 내 꿈을 소원 목록에 다 적어 놓았습니다.

이러한 아이디어를 주신 이가 성령 하나님이시라는 것을 나는 너무나 잘 알고 있습니다. 하나님은 때를 따라 이른 비와 늦은 비로 내게 은혜를 주셨습니다. 성령님이 나를 택하셨음을 감사합니다. 그러므로 때가 차면 반드시 기도 제목들이 응답될 것입니다.

당장 눈에는 보이지 않지만 지금도 믿음의 땅에 심겨진 꿈의 씨앗이 움직이며 움틀 준비를 하고 있다는 것을 나는 잘 알고 있습니다. 조만간에 잎이 무성하게 자라고 아름다운 열매를 많이 맺게 될 것입니다. 성령님은 나보다 앞서 일하시며 내 모든 문제를 해결하고 계십니다. 나는 성령님께 모든 결과를 맡깁니다.

보혜사 성령님은 나를 돕기 위해 오신 전능한 하나님이십니다.

그분과 함께라면 능치 못할 것이 없습니다. 모두 쉽습니다.

당신도 오늘부터 크신 예수님을 마음에 모시고 살아가십시오.

당신은 만왕의 왕이신 하나님의 자녀입니다. 그러므로 얼마든지 크게 구하고 찾고 두드려도 됩니다. 주위 사람들 눈치 보지 말고 하나님의 자녀로서 당당하게 살아가십시오. 성령님의 음성을 듣고 순종하십시오. 하고 싶은 일을 다 하며 사십시오.

마음에 소원하는 큰 꿈이 다 이루어질 것입니다.

꿈과 소원 목록을 구체적으로 적고 구하십시오.

사모하는 은사, 되고 싶은 모습, 하고 싶은 일, 가고 싶은 나라, 갖고 싶은 물건, 살고 싶은 집 등 무엇이든지 구하십시오. 하나님의 자녀로서 모든 것을 누리며 살아야 합니다. 당신이 바라는 모든 것을 성령님과 의논하며 메모지에 적으십시오.

큰 뜻을 이루는 주님의 자녀가 되십시오.

성령님의 음성에 귀 기울이며 행복한 하루하루를 사십시오.

"사랑하는 성령님, 전에는 꿈이 없었지만 이제는 큰 꿈을 가지게 해주셔서 감사드립니다. 성령님, 날마다 꿈꾸며 살게 해주셔서 억만 번이나 감사합니다. 평생 큰 꿈을 꾸며 살겠습니다."

어제의 나는 초라한 애굽 마인드로 살았지만 오늘의 나는 풍성한 가나안 마인드로 살고 있습니다. 이스라엘 백성들은 430년간 애굽에서 노예로 살아야 했습니다. 그들은 양의 피를 문설주에 바르고 애굽에서 빠져나왔습니다. 그 후로 날마다 하나님의 기적적인 공급하심을 경험하며 살았습니다. 불순종하므로 일주일 만에 들어갈 수 있는 가나안 땅을 40년간 돌았지만 나는 순종함으로 바로 가나안 땅에 들어왔습니다. 지금 내 삶은 가나안입니다.

가나안 땅은 이 땅에서 누리는 하나님 나라를 상징합니다.

당신도 예수님이 십자가에서 다 이루었다는 온전한 복음을 깨닫고 믿으면 즉시 가나안 땅에 들어와 살게 됩니다. 하나님의 나라를 가지고 당신 안에 가득히 들어와 계신 성령님과 함께 천국의 행복을 누리게 됩니다. 천국같이 살다가 천국으로 가게 됩니다.

예수님이 말씀하셨습니다. "영접하는 자 곧 그 이름을 믿는 자들에게는 하나님의 자녀가 되는 권세를 주셨으니 이는 혈통으로나 육정으로나 사람의 뜻으로 나지 아니하고 오직 하나님께로부터 난 자들이니라."(요 1:12~13) 그렇습니다. 당신은 더 이상 비참한 노예나 하녀가 아닌 멋진 왕자와 공주입니다. 한번뿐인 소중한 인생 하나님의 자녀로서 정말 멋지게 살아야 합니다.

나는 날마다 최고의 꿈을 꾸며 삶을 살고 있습니다.

성령님과의 교제를 선택한 것은 내가 아닌 하나님으로부터 온 것입니다. 하나님이 기회를 주셨을 때는 그 기회를 절대로 놓치지 말라는 김열방 목사님의 메시지에 많은 용기를 얻었습니다.

어제의 초라한 내가 오늘은 최고의 삶을 살기에 행복합니다.

나는 그리스도 안에서 자유롭습니다.

"그리스도께서 우리를 자유롭게 하려고 자유를 주셨으니 그러므로 굳건하게 서서 다시는 종의 멍에를 메지 말라."(갈 5:1)

당신도 천재고 나도 천재다. 천재적인 기름 부음이 가득하다

당신은 자신을 바보라고 생각하지 않습니까?

결코 당신은 바보가 아닙니다. 예수님은 "형제를 향해 바보, 미련한 놈이라고 말하지 마라"고 하셨습니다. 반대로 말해야 합니다. '바보'의 반대말은 '천재'이고 '미련한 놈'의 반대말은 '지혜가 가득한 사람'입니다. 당신은 하나님의 지혜가 가득한 천재입니다.

당신도 천재이고 나도 천재입니다. 이 사실을 믿으십시오.

나는 김열방 목사님이 쓴 책 〈김열방의 두뇌개발비법〉을 읽으면서 많은 깨달음을 얻었습니다. 천재적인 기름 부음이 나에게도 한강처럼 철철 흐르고 있음을 알 수 있었습니다. 나는 바보가 아닌 천재였습니다. 그동안 나는 속았습니다. 내가 바보인 줄로 알았습니다. 그러나 이제는 깨달았습니다. 지혜의 왕 솔로몬보다 억만 배나 더 크신 예수님이 내 안에 들어와 계시기 때문에 나는 솔로몬보다 더 큰 지혜를 얻은 천재가 되었다는 사실을…….

문득 나의 학교생활이 떠올려집니다. 나는 학업 성적이 늘 뒤

처져 있었고 그래서 나 자신이 바보인 줄로 알았습니다. 물론 그 때도 예수님을 믿고 있었습니다. 단지 내 안에 살아 계신 예수님이 얼마나 대단한 분인지 몰랐던 것입니다. 예수님은 아브라함보다 크신 분이고 다윗보다 크신 분이고 솔로몬보다 크신 분입니다.

내 안에 살아 계신 예수님은 솔로몬과는 비교도 안 됩니다. 예수님은 솔로몬에게 지혜를 주신 분입니다. 지혜의 근원이시고 지혜 자체이십니다. 예수님은 우주를 창조하신 지혜이십니다.

잠언 3장에서 말씀하는 지혜는 예수님을 가리킵니다.

"지혜를 얻은 자와 명철을 얻은 자는 복이 있나니 이는 지혜를 얻는 것이 은을 얻는 것보다 낫고 그 이익이 정금보다 나음이니라. 지혜는 진주보다 귀하니 네가 사모하는 모든 것으로도 이에 비교할 수 없도다. 그의 오른손에는 장수가 있고 그의 왼손에는 부귀가 있나니 그 길은 즐거운 길이요 그의 지름길은 다 평강이니라. 지혜는 그 얻은 자에게 생명나무라. 지혜를 가진 자는 복되도다. 여호와께서는 지혜로 땅에 터를 놓으셨으며 명철로 하늘을 견고히 세우셨고 그의 지식으로 깊은 바다를 갈라지게 하셨으며 공중에서 이슬이 내리게 하셨느니라."(잠 3:13~20)

이러한 예수님이 2천 년 전에 인간의 몸을 입고 오셨습니다.

"심판 때에 남방 여왕이 일어나 이 세대 사람을 정죄하리니 이는 그가 솔로몬의 지혜로운 말을 들으려고 땅 끝에서 왔음이거니와 솔로몬보다 더 큰 이가 여기 있느니라."(마 12:42)

그 예수님이 지금 내 안에 영으로 들어와 살고 계십니다.

"예수 그리스도께서 너희 안에 계신 줄을 너희가 스스로 알지 못하느냐?"(고후 13:5) 와, 정말 놀랍지 않습니까?

내 안에 살아 계신 예수님은 지혜와 총명의 영이십니다.

"여호와의 영 곧 지혜와 총명의 영이요 모략과 재능의 영이요 지식과 여호와를 경외하는 영이 강림하시리니."(사 11:2)

나는 내 안에 계신 예수의 영, 성령님을 발견했습니다.

내 인생이 바뀌었습니다. 나는 그리스도 안에서 천재입니다.

내가 어릴 때 지금처럼 이 책을 먼저 읽었더라면 두뇌 법칙으로 지금은 여성 장관이 되지 않았을까 하고 웃어 봅니다. 참으로 놀라운 신기한 깨달음이 나의 뇌파를 움직여 내 안에 잠자고 있던 지혜가 폭발적으로 나타나기 시작했습니다. 책을 읽으면서 천재적인 기름 부음을 통해 내가 누군지 정확하게 인식되었습니다.

지혜의 신이신 성령님이 나를 가르치고 계셨습니다.

나는 머리에 손을 얹고 "하늘과 땅의 모든 권세를 가지신 예수 이름으로 명하노니 내 안에 있는 150억 개의 세포들은 최대한의 기능을 발휘하며 가동되어라"고 명령했습니다. 그러자 천지를 창조할 때 운행하셨던 하나님의 영이 내 안에서 운행하기 시작했습니다. 성령님은 예수님이 내 안에 살아 계심을 체험하게 하셨습니다. 내 안에 살아 계신 예수님 때문에 내 가슴이 뜁니다.

나는 성경 구절을 외우는 것이 너무 힘들었습니다. 그런데 예수 이름으로 뇌세포를 향해 명령하고 성구 외우기를 도와 달라고 성령님께 부탁하고 외워 보니 너무 잘 외워지는 것이었습니다.

나의 성령님은 오늘도 시간마다 분초마다 나를 눈동자처럼 지키고 계십니다. 내가 어떤 일을 하고자 할 때 성령님은 내게 바로 응답해 주셨습니다. 그로 인해 나는 감사했습니다.

이제는 큰 어려움이 닥칠 때마다 하나님이 주신 창조적인 두뇌의 사용법을 실천할 것입니다. 하나님의 자녀는 결코 미련하지 않습니다. 지혜롭습니다. 달란트를 땅에 파묻어 두지 않고 장사했던 지혜로운 종처럼 하나님이 내게 주신 달란트를 최대한 계발할 것입니다. 성령님과 함께 자기 계발을 하므로 무에서 유로의 창조적인 생활이 날마다 더 풍성하게 이어질 것입니다.

이렇게 나에게 천재적인 소질이 있다는 것은 내 안에 예수그리스도가 살아 계시기에 가능한 것입니다. 아담과 하와가 하나님의 말씀에 불순종하고 죄를 짓는 순간 하나님이 주신 지혜로운 뇌가 병들었습니다. 그의 후손인 우리의 뇌도 함께 병들었습니다.

하지만 예수님이 갈보리 언덕에서 가시 면류관을 쓰시고 피 흘려 죽으셨고 그 사실을 믿는 순간 우리의 모든 죄가 사함 받았을 뿐만 아니라 우리의 뇌도 예수의 피로 정상적으로 치료되었습니다. 새로운 피조물이 되고 다시 지혜로운 뇌가 된 것입니다.

당신의 뇌는 더 이상 바보의 뇌가 아닌 천재의 뇌입니다.

천재적인 기름 부음이 당신 안에 한강처럼 흐르고 있습니다.

"이제는 내가 산 것이 아니요 오직 내 안에 그리스도께서 사시는 것이라"(갈 2:20)고 했습니다. 부활이요 생명이신 예수님이 내 안에 살아 계시므로 나의 모든 뇌세포가 다시 가동되고 있습니다. 성령님은 무한한 지혜와 명철이 내 안에서 움직이고 있음을 나에게 알려주셨습니다. 옛날 학창시절에 공부를 제대로 못한 것이 한쪽 곁에 한으로 남아 있었는데 이제는 그렇지 않습니다. 사실

학창시절 학과 공부가 다가 아닙니다. 인생은 그보다 더 큽니다.

나는 새로운 피조물로 탄생함으로 말미암아 새로운 꿈과 용기, 지혜를 갖게 되었습니다. 날마다 순간마다 내 안에 실제로 살아 계신 예수님을 의식하며 그분과 함께 살아갑니다. 내 인생은 성령님의 인도하심을 따라 매일 더 크게 성장 발전하고 있습니다.

하나님은 내게 큰 꿈을 꾸라고 하셨습니다.

나는 성령님과 함께 믿음의 모험을 할 것입니다. 새로운 도전과 시도를 하며 살 것입니다. 천재 마인드로 살며 하고 싶은 공부를 마음껏 하며 연구하는 인생을 살 것입니다. 나는 지금도 스스로 계신 우주의 천재이신 성령님의 인도하심을 받고 있습니다. 그로 인해 나의 하나님께 억만 번이나 감사드립니다.

당신도 꼭 두뇌 사용법을 통해 예수님의 지혜를 나타내기 바랍니다. 지혜의 영이신 성령님과 동업하며 성공하기 바랍니다.

나는 날마다 성령님을 모시고 산책한다

당신은 성령님과 함께 날마다 산책하고 있습니까?

오늘도 나는 성령님과 산책했습니다. 나는 동두천 지행동이라는 곳에 사는데 아주 멋진 동네입니다. 5분 정도 걸으면 산이 있고 10분 정도 가면 계곡이 있습니다. 산으로 올라가다 보면 주변 밭에는 곡식들이 심겨져 있고 아름다운 자연 풍경이 한 눈에 다 보입니다. 나는 입을 벌리며 감탄합니다. “와! 예쁘게 잘 자란다.”

콩, 고구마, 옥수수, 파 등 수많은 작물들이 자랍니다.

나는 함께 계신 성령님께 말을 겁니다.

"사랑하는 성령님, 이 곡식들은 콩 심은 데는 콩 나고 옥수수 심은 데는 거짓 없이 그대로 옥수수가 나오네요."

땅은 정직합니다. 심은 대로 거둡니다. 우리의 마음 밭도 그렇습니다. 믿음의 씨앗을 심으면 반드시 응답의 열매를 거둡니다.

나는 예전에 늘 실패와 좌절을 겪으며 엉겅퀴처럼 자랐습니다. 지난날을 되돌아보니 잡초가 무성하게 자란 것 같습니다. 그런 중에도 계속 믿음의 씨앗들을 심으며 가라지들과 함께 생활했습니다. 나는 제자리이고 가라지가 더 크게 자라는 것 같았습니다.

"주님, 제가 왜 이럴까요? 주님을 잘 믿는다고 하면서 왜 신앙생활에 행복이 없는 걸까요? 일중독에 빠져 있는 나 자신이 때론 저 풀만도 못한 것 같아요? 주님, 어떻게 살아야 하나요?"

나는 억울하기도 하고 한편으로는 '아니야, 이 연단이 변하여 조만간에 큰 축복으로 반드시 바뀔 거야'라고 기대를 가지기도 했습니다. 옥토에 뿌려진 씨앗처럼 내 마음에 뿌려진 하나님의 말씀을 꼭 붙들고 살았습니다. "믿는 자에게 능히 하지 못할 일이 없다, 죽으면 죽으리라"고 믿으며 몇날며칠을 고민하기도 했습니다. 때론 쉬면서 잠잠히 시편 1장을 읽으며 기다리기도 했습니다.

어쨌든 변함없이 주님만을 바라보았습니다.

그러자 며칠 뒤 정말 내 마음에 심긴 겨자씨 만한 믿음의 씨앗이 큰 나무로 자랐고 결국 주님으로부터 선물을 받았습니다.

"오, 주님. 감사합니다."

성령님의 음성이 내 마음에 잔잔히 들려왔습니다. "내 사랑하는 딸아, 의심하지 말고 너의 마음 밭에 믿음의 씨앗을 많이 심어라." 나는 옛날에도 많이 심어 봤다고 중얼거렸습니다. "지금은 네 믿음이 그때와 많이 다르다. 너는 믿음으로 심고 거두는 것에 대해 김열방 목사의 책자를 통해 많은 깨달음을 얻어라. 네가 심은 믿음의 씨앗에 대해 백배를 거둘 것이다"라고 대답하셨습니다.

"오, 주님. 넘넘 좋아요."

나는 사랑하는 동생들과 함께 믿음의 씨앗에 대한 깨달음을 나누며 울먹였습니다. "주님, 억만 번이나 감사해요. 그 씨앗들이 제 마음 밭에서 무럭무럭 잘 자라고 있음을 믿습니다. 꿈과 소원을 주신 믿음의 씨앗들을 동생들과 함께 많이 심었습니다.

야베스의 기도에 대한 깨달음도 얻고 도움 받았습니다.

나는 부자 아빠이신 하나님께 빌딩과 넓은 땅과 아파트 단지를 구했고 시간과 공간을 초월해 성령 안에서 이미 받았음을 믿고 감사했습니다. 아브라함과 이삭과 야곱의 하나님이 나의 하나님이 되셨습니다. 요셉과 모세와 다윗과 솔로몬의 하나님이 나의 하나님이 되셨습니다. 그들은 모두 믿음이 좋았고 삶도 부요했습니다.

예수님이 마가복음 11장 23절에 분명히 말씀하셨습니다.

"내가 진실로 너희에게 이르노니 누구든지 이 산더러 들리어 바다에 던지우라 하며 그 말하는 것이 이룰 줄 믿고 마음에 의심치 아니하면 그대로 되리라."

나는 내 꿈과 소원을 구체적으로 선포했습니다.

"내 마음에 심긴 믿음의 씨앗이 햇볕과 비와 바람을 맞으며 잘 자라고 있다. 나는 이미 그 모든 것을 얻었다고 믿는다. 어떤 환난과 시련이 와도 내 마음에 조금도 의심하지 않는다."

아브라함의 믿음은 바랄 수 없는 중에 바라는 믿음입니다.

"주님, 저에게 이런 큰 믿음을 주셔서 억만 번이나 감사합니다. 저도 아브라함처럼 없는 것을 있는 것처럼 부르시고 바랄 수 없는 중에 바라게 하시고 죽은 자를 살리시며 안 되는 것을 되게 하시는 하나님을 믿습니다. 기도하고 구한 것을 받았다고 믿습니다."

당신도 무엇이든지 기도하고 구하는 것은 받았다고 믿으십시오. 그러면 그대로 될 것입니다. 이것이 하나님의 믿음입니다.

"내가 너희에게 말하노니 무엇이든지 기도하고 구하는 것은 받은 줄로 믿으라. 그리하면 너희에게 그대로 되리라."(막 11:24)

나는 길을 걷는 중에 신유의 능력을 체험했다

당신은 믿음의 가정입니까?

나는 3대째 믿음의 가정입니다. 태어난 곳은 경기도 오산의 아주 시골 마을이었고 한 동네가 거의 우리 친척 정 씨 집안들이 모여 살고 있었습니다. 나는 6남매 중 둘째인데 유독 나만 연약한 몸으로 태어나 많이 앓으며 자랐습니다. 그렇게 비실대며 꿈도 없고 공부도 처져 있는 나를 알아주는 이는 아무도 없었습니다.

늘 외로운 나는 하나님을 찾았습니다.

"하나님은 어디에 계시나요?"

어린 나이에도 그렇게 외치며 주님을 찾았습니다. 어린 동생들 데리고 5리쯤 걸어서 감리교회에 다녔습니다. 할아버지의 신앙으로 우리 엄마는 믿음의 엄마가 되어 자녀들을 잘 양육하였습니다.

내가 중 1때 나만 큰 엄마 집에 맡겨 놓고 모두 서울로 이사했습니다. 그 당시 아버지는 공무원으로 계셨기에 회사 가까운 쪽인 영등포에 가서 정착했습니다. 나는 10리쯤 걸어가야 하는 시골 중학교를 다녔는데 학교에서 큰 엄마 집으로 걸어올 때면 너무나 먼 거리를 무섭고 떨린 마음으로 오곤 했습니다.

시골에는 왜 그렇게 묘지가 많은지 너무 많았습니다. 등굣길을 오갈 때도 "주님, 어디 계세요?"라고 불렀지만 아무 대답이 없었습니다. 그래도 나는 무서움을 달래려고 중얼중얼 주님과 대화하며 그렇게 3년간 10리길을 오가곤 했습니다.

지금 돌이켜 그때를 생각해보니 내가 무척이나 성령님과 대화를 하고 싶어 했던 것 같습니다. 그래서 그렇게 혼자 중얼거리며 끝도 없이 많은 대화를 했던 것입니다. 그렇게 주님과 친구처럼 대화하며 3년간 10리 등굣길을 기쁨으로 다녔습니다.

나는 최근에 '예수님이 십자가에서 다 이루었다는 온전한 복음'을 깨닫게 되었습니다. 그 이전까지는 하나님의 마음을 잘 몰랐습니다. 그렇게 하나님의 보호하심으로 무섭지 않게 3년간 학교를 잘 마치고 서울 집으로 올 수가 있었지만 감사하지도 않았습니다. 예수 그리스도가 내 안에 실제로 살아 계신다는 것을 몰랐기에 그랬습니다. 지금은 잘 압니다. 그분이 내 안에 살아 계심을.

중 2때였습니다. 어느 날 외로움이 많은 나는 오산 시내에 학용품을 사러 들렀다 또 주님을 찾으며 중얼거렸습니다.

"주님은 왜 제가 공부 좀 잘 할 수 있도록 안 도와주시나요?"

나의 소외된 마음, 자신감 없는 마음, 외로움이 나를 두렵게 했습니다. 하나님이 세상을 이처럼 사랑하시고 온통 사랑으로 만물을 만드셨는데 나는 그 사랑을 제대로 느낄 수가 없었습니다.

이런 저런 많은 생각을 하다 보니 나는 무서웠습니다. 어린 나이에 공포로 죽을 것만 같았습니다. 계속 길을 걷고 있는데 길거리의 한 전파사 가게에서 피아노 음반 소리가 들렸습니다.

나중에 알아보니 그것은 '소녀의 기도'였습니다. 나는 그 선율을 듣는 순간 심장이 뛰고 머리에 번개 치듯 알 수 없는 충격이 다가오고 가슴이 벅차올랐습니다. 놀란 나는 그 자리에 주저앉아 흐느끼며 울었습니다. 왜 그런지도 모르고 그 선율이 나에게 어떤 의미인지 모르지만 내 마음에 매우 강하게 와 닿았습니다.

그렇게 아주 멍하니 한참을 지났습니다. 황홀하고 편했습니다.

공포로 떨었던 나는 온데간데없었고 바닥에 주저앉은 채로 병 치유를 받고 있었습니다. 주님이 나를 치료하고 계셨습니다.

"주님, 나도 저렇게 피아노를 치고 싶어요."

하나님은 아주 강하게 나의 마음을 움직이며 피아노에 대한 꿈을 주셨습니다. 그때 그 장면이 지금도 잊히지 않고 설렙니다.

왜냐하면 부모 형제 다 있었지만 난 유별스레 외롭고 부족한 것처럼 느껴졌기에, 또한 건강도 자신이 없었으니까요.

그런데 하나님은 나를 아시고 지금까지 잊지도 않으시고 부드럽게 속삭이며 "나 여기 있다"고 하십니다. 10리 등굣길에서의 사랑의 대화를 잊지 않으시고 다시 찾아오셔서 외롭지 않게 나를 손잡아 주신 것을 이제야 감사드립니다.

그때 피아노를 배우라는 강한 마음을 주셔서 배우긴 했지만 레슨비가 없어서 제대로 많이 배우지는 못했습니다. 지금이라도 기회가 되면 작곡도 피아노도 다시 도전할 겁니다. 그 당시에는 외로울 때마다 피아노를 쳤습니다. 그렇게 피아노를 치게 해주신 하나님께 억만 번이나 감사드립니다. 그때의 나의 아픔, 외로움과 공포가 다 사라졌습니다. 지금은 주위에 누가 공황 장애가 있다고 하면 그 아픔을 더 많이 알고 위로하며 전도하고 있습니다.

그렇게 주님은 늘 내 옆에 계시면서 많은 것을 주셨는데 나는 제대로 감사하지 못했던 것 같습니다. 늦었지만 지금이라도 주님께 억만 번이나 감사드립니다. 앞으로도 예수님이 십자가에서 다 이룬 '온전한 복음'을 더 많이 깨달아서 주님께 죽도록 충성 봉사하는 자가 되렵니다. "맡은 자가 구할 것은 충성이요."(고전 4:2)

그런 철부지가 지금은 어른이 되어 결혼도 하고 아들도 장성했습니다. 그동안 나는 온전한 복음을 제대로 깨닫지 못하고 온갖 애굽 마인드 곧 노예 마인드와 하녀 마인드로 살았습니다.

시편 119편 71절에 "고난당한 것이 내게 유익이라"고 했습니다. 그렇다고 고난 자체가 유익은 아닙니다. 그 다음에 "이로 말미암아 내가 주의 율례들을 배우게 되었나이다"라고 했습니다. 시편 129편 165절에는 "주의 법을 사랑하는 자에게는 큰 평안이 있으니 그들에게는 장애물이 없다"고 하셨습니다. 주의 법은 곧 '믿음의 법'입니다. 나는 이제 믿음의 법을 깨달았습니다.

"그런즉 자랑할 데가 어디냐 있을 수가 없느니라. 무슨 법으로냐 행위로냐 아니라 오직 '믿음의 법'으로니라."(롬 3:27)

믿음의 법 안에서는 의와 성령 충만과 건강과 부요와 지혜와 평화와 생명만 있습니다. 율법의 저주가 하나도 없습니다.

나는 하나님께 믿음의 법 곧 은혜의 복음 안에서 천국 같이 행복한 삶을 살게 해 달라고 기도했습니다. 야베스처럼 고통을 없애 달라고, 전능한 손으로 도와 달라고 기도했습니다.

"제발 저에게 평안도 주시고 장애물도 다 없애 주세요."

날마다 기도하는 가운데 그분이 내게 빛으로 찾아오셨습니다.

성령님이 내 안에 태양보다 더 큰 빛으로 찾아오신 것입니다.

나는 매일 아침 눈을 뜨면 성령님께 인사를 드렸습니다.

"안녕하세요? 성령님."

아침에 일어나서 가장 먼저 주님과 대화하는 것이 나의 기쁨이 되었습니다. 그분과 하루 일과를 의논하고 그분께 나의 부족한 것을 아뢰며 책 쓰기를 할 수 있도록 가르쳐 달라고 했습니다.

"너희 중에 누구든지 지혜가 부족하거든 모든 사람에게 후히 주시고 꾸짖지 아니하시는 하나님께 구하라. 그리하면 주시리라."(약 1:5)고 한 말씀대로 지혜를 구했더니 응답이 되어 정말로 내게 책을 쓸 수 있는 천재적인 지혜가 나타나기 시작했습니다.

나는 책을 쓸 내용이 생각나게 해 달라고 부탁드렸을 뿐입니다. 그리고 내 안에 가득히 계신 성령님과 함께 한 절 한 절 써 내려갔습니다. 그러다 보니 금방 책을 다 쓰게 되고 잘 마무리하게 되었습니다. 이 책이 내 대신 전국과 세계를 돌아다니며 전도하고 선교할 것이며 자손 천대까지 남아 영향을 끼칠 것입니다.

내게 천재적인 지혜를 주신 하나님께 감사드립니다. 아멘.

내 인생을 바꾼 성령님. 제 5 부 - 이지혜

압록강을 건너고 춤추게 하신 성령님

나는 압록강을 건넜다

당신은 압록강을 건넌 적이 있습니까?

나는 압록강을 건넜습니다. "압록강을 건넜다"는 이 짧은 문구를 바라보고 있으니 갖가지 추억이 떠오르며 다시 눈시울이 뜨거워집니다. 압록강은 중국과 북한을 유유히 감돌며 흐르는데 길이가 308km로 한반도에서 가장 긴 것을 자랑합니다. 환희를 뿜내는 푸른 색깔의 물에 기쁨의 기운을 가득 품은 설레는 강입니다.

하지만 다른 한편으로는 사랑하는 가족과 헤어져 목숨을 걸고 건너야만 했던 나의 슬픈 사연이 깃들어 있는 양면의 강이고 분단된 남과 북의 안타까운 현실이 그대로 담겨 있는 강입니다.

나는 북한에서 자라나 "내 나라가 제일 좋아"라는 민족적 자부심을 가지고 열심히 공부하고 부지런히 직장에 다녔습니다. 그렇게 나의 스펙을 쌓아 가다가 어느덧 한계에 부닥치고 말았습니다.

2010년 화폐개혁으로 모든 주민들이 가지고 있던 돈이 하루아침에 물거품이 되었고 겨우 안정될 만한 생활은 또다시 고난을 겪게 되면서 점차 국가에 대한 신뢰가 없어지게 된 것입니다.

그러던 중 가정에도 회오리바람이 불어 더 이상 살 이유가 없어져서 자살까지 시도했으나 자식에게 남길 치욕 때문에 그마저도 할 수 없었습니다. 그렇게 비참하게 하루하루 살아가던 중 나를 잘 아는 한 자매가 "중국에 친척이 있으니 함께 중국으로 건너가자"고 권고하는 바람에 물에 빠진 사람 지푸라기라도 잡는 심정으로 승낙하였습니다. 차라리 압록강을 건너다 총알에 맞아 죽는 것이 자살하여 역적으로 몰리는 것보다 낫다고 생각되었고 호기심의 대상이었던 중국에 한 번 가보는 것도 가만히 앉아서 죽는 것보다 낫지 않을까 하는 생각이 나에게 큰 용기를 주었습니다.

나를 믿지 못해 시험을 당하기도 했지만 기다리고 기다리던 중 어느 날 도강을 돕는 블로커의 도움으로 간신히 압록강을 건넜습니다. 그때 심장이 터져 나오는 것이 어떤 것인지도 체험하게 되었고 중국에 건너와서는 자유로운 세상과 거리의 풍성함에 놀라움을 금할 수 없었습니다. 달라도 너무 다른 세계였습니다.

북한에서는 보지도 못했던 모든 서점과 상점이 오픈 되어서 본인이 쇼핑하면서 원하는 것을 마음대로 고르는 것은 나를 열광하게 만들었습니다. 평양에 있는 종합 도서관인 '인민대학습당'에 가서도 책을 마음대로 보지 못하고 원하는 것을 목록에서 찾아서 안내원에게 부탁해야만 했습니다. 그 안의 책을 마음껏 보고 싶었던 것이 내 소원 중에 하나였는데 그 소원이 이루어졌습니다.

나의 지나온 세월을 추억한다면 제일 먼저 떠오르는 것은 압록강을 건너던 그때의 일입니다. 죽는 순간까지 잊을 것 같지 않습니다. 죽음을 각오하고 건너오면서 심장이 터져 나오는 그때의 심정을 체험하지 않은 사람은 이해하지 못할 것입니다. 그래서 내가 한국에 도착해서 하는 말이 "한국에 태어난 것만 해도 그것이 얼마나 큰 복인지 아느냐?"이고 만나는 사람마다 물어보곤 합니다. 진정으로 대한민국에 사는 걸 감사하냐고 물어봅니다.

당신은 한국에 태어나 살고 있다는 것을 감사하십니까?

그런데 아이러니하게도 많은 대한민국 사람들이 본인이 살고 있는 이 땅이 얼마나 축복받은 곳인지를 잘 모르고 있고 그 소중함을 점점 잊어 먹고 있었습니다. 나는 소리치고 싶었습니다. 특히 가난을 겪어보지 못한 청소년들에게 더 해당되지만 "복 속에서는 복을 알 수 없다"는 격언이 이를 두고 하는 말 같습니다.

남한 청소년과 북한 청소년의 신체 차이가 그것을 증명하고 있습니다. 남한 청소년의 키가 북한 청소년의 키보다 평균 15cm 정도 더 크다고 합니다. 그만큼 잘 먹기 때문에 잘 크는 것입니다.

압록강은 중국과 북한을 가르는 강이기에 중국과 관련한 가지가지의 사연을 담고 있습니다. 나는 압록강 근처에서 살면서 참으로 슬픈 장면을 많이 목격했습니다. 북한에서는 내 나름대로 압록강을 '원한의 강, 눈물의 강'이라고 불렀습니다. 고난의 기간이 오기 전에는 중국보다 북한이 더 잘 살았기 때문에 오히려 중국을 깔보며 살다 보니 비극적인 일은 많이 일어나지 않았습니다.

그때는 생존보다는 더 많은 부를 얻기 위한 사람들의 불법 도강으로 인한 피해만 있었습니다. 그들이 법을 어겼기 때문에 교화소에 갇혀 인간 이하의 천대와 죽음의 교역 속에 짐승처럼 죽어가는 사건을 바라보며 은근히 자식 키우는 것이 걱정스럽기도 했습니다. 그런데 북한에서 공급이 완전히 중단된 소위 고난의 행군이 시작되면서 중국과 북한의 개인 거래가 왕성해졌습니다.

여기에서 기본은 '쌀'이었는데 압록강 인근에서 건너온 쌀이 전 북한을 먹여 살리는 정도였습니다. 우리는 쌀을 넘겨 오고 중국에서는 희귀 금속류와 광석을 비롯한 귀한 나무 목재와 약초 등을 가져갔습니다. 나는 약초를 거래하면서 거래 조건이 매우 일방적으로 정해지는 것을 알게 되면서 격분을 금할 수 없었습니다.

중국에 들어가 있는 약초는 시간이 지남에 따라 값이 올라가는데 북한에서 건너가는 약초는 겨우 쌀 1~2kg 값으로 낮추어 정해도 아무 말도 할 수 없는 처지였습니다. 또 중국에서 건너오는 약초 질도 점점 한심했습니다. 이렇게 국가 경제의 부흥은 개인의 삶에까지 커다란 영향을 미칩니다.

고난의 행군에 들어서면서 북한 전역에는 전염병도 함께 돌아 많은 사람이 목숨을 잃었습니다. 고난의 행군 시기에 약 300만 명의 북한 주민들이 굶어 죽었지만 급성전염병인 콜레라로도 적지 않은 사람들이 목숨을 잃었습니다. 너무 비참했습니다.

나는 압록강 지역에 있으면서 차마 눈뜨고 보지 못할 사건도

보았습니다. 압록강 저 편에서 젊은 사람들의 시체를 9구 정도 옷을 벗긴 채로 눕혀 놓았는데 모두 중국 인가들의 인삼밭을 도적질하다가 잡은 사람들이라며 돈 얼마를 내고 가져가라는 것이었습니다. 나는 너무도 충격이 커서 그날 먹지도 못하고 '이런 비참한 일을 겪는 그 부모들은 얼마나 가슴이 아플까?'라는 생각에 압록강에 '원한의 강, 눈물의 강'이라는 이름을 붙이게 되었습니다.

그 외에도 가슴 아픈 일들이 얼마나 많겠습니까? 내 앞집 아줌마는 밤에 압록강을 건너 쌀 포대를 메고 오다가 갑자기 강 상류에서 수문을 여는 바람에 급류에 떠내려가 목숨을 잃었습니다. 젊고 젊은 40대 아줌마가 남편과 두 아들 딸들만 남겨 놓고 억울한 죽음을 당한 것입니다. 이런 일들이 비일비재이니 옆에서 지켜보는 내 마음도 슬픔을 금할 수 없었습니다.

그 장례식에 참석하며 울기도 많이 울었습니다.

'과연 언제면 먹는 것 가지고 고민 안 하는 세상이 올 수 있을까?' 하는 비감이 들었습니다. TV에서는 조금만 있으면 강성 대국이 올 것처럼 말하며 "우리식 사회주의를 지키자"고 열변을 토하며 선전했지만 점점 실망을 금할 수 없었습니다.

지금도 그때를 생각하면 눈물이 하염없이 흘러내립니다.

북한 사람들은 남한 사람들이 지금 누리는 이 풍요로움의 10퍼센트만 누려도 엄청 행복해 할 거라고 생각됩니다. 당신이 대한민국에 살고 있는 것을 억만 번이나 감사하기 바랍니다.

압록강을 생각하노라면 또 다른 추억을 떠올리게 됩니다.

나는 내가 떠나온 그 길을 다시는 돌아갈 수 없음을 체감하며 중국에서 '나라 없는 설움'을 겪어야 했습니다. 우선 자유가 허용 안 되었습니다. 항상 중국 공안들의 감시 속에서 살아야 했고 내 신분을 알리면 잡혀가야 하는 수배자임을 체감해야 했습니다.

나올 때는 내 발로 나왔지만 이제는 절대 내 발로 돌아갈 수 없음을 깨닫고 울기도 하였습니다. 중국 단동의 한 식당에서 일하다가 퇴근하면 압록강 철교에서 북한 신의주를 바라보며 내 인생이 처량해 눈물을 흘렸습니다. 통일이 되기 전에는 고향에 다시 가 볼 수 없음이 너무 슬펐습니다. '나는 왜 이 길을 선택했나?'에 대한 끝없는 물음 속에 이 길을 올 수밖에 없었던 내 인생을 더듬으며 지금은 언젠가 꼭 이루어질 통일을 기다리고 있습니다.

사실 통일은 남한 사람들보다 북한 사람들의 더 간절한 소망입니다. 북한 주민들의 염원은 소박합니다. 쌀밥에 돼지고기를 먹는 것입니다. 해방되어 70년이 되었지만 그 소원이 이루어지지 못하고 세대에 세대를 이어가고 있습니다. 여기서는 쌀이 남아돌아가고 식당에서 버리는 쓰레기를 봐도 너무도 마음이 아픕니다.

이 시각도 북한의 많은 고아들이 먹을 것을 찾아 헤매는 것이 눈에 삼삼합니다. 나는 하늘과 땅만 한 차이를 두게 만든 그 원인이 도대체 무엇인지에 대해 생각하지 않을 수 없었습니다. '해방 후 서로 다른 제도를 세운 것이 오늘의 결과를 낳은 것이 아닌가?' 하고 생각합니다. 대한민국에서 매일 누리는 오늘의 이 평화가 북한에서는 감히 생각지도 못하는 엄청난 복입니다.

북한에서는 직장에 다니면서도 "미제와 남조선 괴뢰들이 전쟁의 불 구름을 몰아오니 매일 동원된 태세에 서 있어야 한다"고 말하며 방공호 훈련과 적위대 훈련을 하게 합니다. 성인이 되어서는 각기 조직에 들어가 그 통제를 받아야 하며 거기에서 벗어나면 책임을 져야 합니다. 또 지방 가는 것도 마음대로 못 가고 통행증을 신청하여 다니며 더욱이 평양에는 까다롭기 그지없습니다.

여행 갔다 오는 것이 이러니 이사 같은 것은 아예 엄두를 내지 못합니다. 나는 지금도 어머니가 내게 들려주시던 이야기를 잊을 수가 없습니다. 외할머니가 어머니에게 "너희 대에는 통일이 되어 잘 살게 될 거야"라고 말씀하셨다는데 "이제는 내가 너에게 이 말을 하게 되는구나"라고 하시던 모습을 영원히 잊을 수 없습니다.

나는 '고난의 행군'(북한이 1990년대에 국제적 고립과 자연재해 등으로 극도의 경제적 어려움을 겪은 시기로 이를 극복하기 위해 주민들의 희생과 충성의 노동을 요구한 캠페인) 시기에 구걸하는 고아들과 군인들을 그 누구보다 나서서 혈육처럼 돌봐 드리던 훌륭한 어머니를 보고 제발 좀 그만하라고 야단치던 못난 죄인이었습니다.

그런 내가 지금은 통일을 위한 생각, 북한을 위한 생각밖에 없습니다. 왜냐하면 남북한을 모두 체험하면서 '남북한 통일'만이 우리가 세계 강국이 될 수 있는 최선의 길임을 깨달았기 때문입니다. 그래야만 눈물의 강이었던 압록강이 세계로의 교두보를 여는 환희의 강으로 제 역할을 하게 될 것입니다.

압록강을 바라보노라면 한편으로 나에게는 생명의 강이라고 해야 할 것 같습니다. 죽음의 막바지에서 압록강을 통해 내 생명을 건질 수 있었던 것처럼 앞으로 압록강은 번영의 강이 될 거라는 희망을 안고 있습니다. 북한의 압록강은 광활한 중국을 비롯해 세계 모든 나라들과 자유무역을 할 수 있는 유일한 통로입니다.

단동에서 바라본 압록강과 신의주는 중국의 휘황찬란한 조명에 비해 한없이 초라해 보이지만 남한의 튼튼한 경제 자립은 능히 남한과 북한이 하나 되어 세계 강국이 되는 희망을 주고 있습니다.

내가 남한에 와서 맨 처음 가장 크게 놀란 것은 '날씨가 어떻게 이렇게 좋을 수 있을까?' 하는 생각이었습니다. 북한에서처럼 진눈깨비를 보지 못했고 더욱이 우박도 구경할 수 없었습니다. 장마 때에 있는 무서운 우렛소리도 없었고 장마로 집이 떠내려 오고 짐승이 떠내려 오고 길도 없어지는 피해도 볼 수 없었습니다.

나는 이 모든 것이 단순히 대한민국 산을 덮고 있는 나무의 덕이라고만 생각지 않습니다. 모두 하나님의 크신 은혜 덕분입니다.

우리는 살아가면서 잠시도 없어서는 안 되는 빛, 물, 공기의 소중함을 잊고 사는데 이 모두를 주신 창조주 하나님께 억만 번이나 감사해야 합니다. 이런 대한민국에서 살게 해 주신 것을 억만 번이나 감사해야 합니다. 매일 불평하지 말고 매일 감사하십시오.

나로 압록강을 건너게 하신 하나님, 억만 번이나 감사합니다.

"야곱아, 너를 창조하신 여호와께서 지금 말씀하시느니라. 이스라엘아, 너를 지으신 이가 말씀하시느니라. 너는 두려워하지 말라. 내가 너를 구속하였고 내가 너를 지명하여 불렀나니 너는 내 것이라. 네가 물 가운데로 지날 때에 내가 함께 할 것이라. 강을 건널 때에 물이 너를 침몰하지 못할 것이며 네가 불 가운데로 지날 때에 타지도 아니할 것이요 불꽃이 너를 사르지도 못하리라."(사 43:2)

나의 등 뒤에서 나를 도우시는 성령님

나는 북한에서 압록강을 건너 중국 단동에 이르게 되었습니다. 단동에 도착하는 순간 역이 생각보다 크고 깔끔하다는 느낌이 들었습니다. 하지만 내 마음은 다시 공포로 휩싸였습니다. 타국에서의 첫 삶이 어떻게 될지 그 누구도 가늠할 수 없는 가슴 조이는 시간이었기 때문입니다. 처음으로 찾아 간 것이 단동의 중심에 위치하고 있는 한 식품 가게였습니다. 직원을 채용한다고 벼룩시장 광고를 보고 단동 안내자와 함께 갔는데 사장님은 한국인이었습니다. 그분은 친어머니처럼 너무도 인정이 많으셨습니다.

나를 보고 "한발 늦었어요. 오늘 새 직원 받았어요. 친구한테 소개해 줄게요"라며 미용실에 데리고 가 몸소 돈을 들여 내 머리 미용을 해주는 것이었습니다. 그 순간 나는 10년 전에 돌아가신 어머니의 사랑을 느끼며 솟구치는 눈물을 억제할 수 없었습니다.

북한에서 단동은 썩고 병든 자본주의 세계라는 세뇌 교육을 받았기에 첫 발을 내디디기에 너무도 무서웠던 곳이었습니다.

그 사장 어머님이 친구한테 소개하여 큰 한식당에서 일하게 되었습니다. 처음에는 조선족이라 소개하며 일하러 왔다고 거짓말한 것이 마음에 걸려 다음날에 사모님에게 나는 북한 사람이라고 고백하자 사모님께서는 이미 어제 알아봤다고 하는 것입니다.

그러면서 이 일은 절대 비밀이니 그 누구한테도 말하지 말아야 한다고 했습니다. 특히 함께 일하는 직원들과는 어떤 일이 있더라도 절대로 싸우면 안 된다고 당부하셨습니다.

나는 너무 감사하였고 다음날부터 주방장 보조원으로 일하였는데 만만치 않았습니다. 옆에서 음식을 만드는 방법을 알 수 있어서 좋겠다 싶었는데 하루 종일 종류대로 많은 요리를 하는 것이었습니다. 나는 큰 프라이팬을 씻기도 하고 각종 심부름도 하고 그야말로 콩닥콩닥 뛰며 퇴근할 때까지 정신이 하나도 없었습니다. 허리는 끊어질 것 같고 그렇다고 물러설 수도 없는 처지였습니다.

약국에 가서 진통제를 사 와서 아플 때마다 3~4번씩 먹었는데 한 달이 지나니 몸이 점점 익숙해지면서 괜찮아졌습니다. 그리고 나를 보내신 그 사장 어머님께서 이따금 찾아와서 안부 묻는 것이 나에게는 온 세상을 얻은 것처럼 기쁨을 금할 수가 없었습니다.

나는 할 수만 있다면 그분을 어머니로 모시고 싶었습니다.

어느덧 한 달이 지나서 첫 월급 타는 날이 왔습니다. 나는 월급 받은 것을 가지고 사장 어머님을 만나 뵈려고 점심시간에 택시를 타고 갔습니다. 무엇을 살까 하다가 수박을 사 갔는데 반가워하면서 이런 것을 사오지 말라고, 돈을 아껴야 한다고, 버스 타고 오면 되는 것을 왜 택시 타고 왔냐고 말씀하시는 것이었습니다.

그 후 새벽 5시에 일어나 운동하고 돌아올 때면 7시 정도가 되는데 그때 사장 어머님이 버스를 타고 일찍 출근하는 것을 몇 번 목격하면서 참으로 존경과 감사함을 표현할 길이 없었습니다.

내가 일하던 식당은 주방장과 가이드, 튀김하는 사람 말고도 중국 엄마들이 6명이었는데 모두 소통하며 재미나게 일했습니다. 점심시간에는 자기네 집에 함께 가자고 해서 맛있는 것도 먹으며 놀다가 오기도 하였습니다. 일하기 시작해서 점차 말을 알아듣게 되자 서로 농담도 주고받으며 단동 시내를 구경하였습니다.

나는 난생 처음 쇼핑도 하고 자유로움을 느끼며 이부자리, 트렁크, 화분, 신발, 옷 등 살림을 준비할 작정으로 하나하나 장만하면서 몇 년은 잘 있을 거라 장담했습니다. 나는 식당 주방에서 일하면서 내가 주인 된 심정으로 진심을 다해 일했습니다. 그러니 일이 지루하지 않았고 하루하루 즐거웠습니다. 저녁에 기숙사에 돌아가서는 낮에 보았던 음식 만드는 법을 하나하나 메모해 놓곤 했습니다. 언젠가는 내가 집에서 마음껏 만들어 보리라는 희망을 안고 지냈습니다. 그러다가 새 인원이 들어와 주방장 보조를 하고 나는 야채 다듬어 보관하는 일을 하게 되었습니다.

나는 사모님이 나의 신분을 알고 위험을 감수하면서 받아 주실 때 그 은혜에 꼭 보답하리라는 결심을 했습니다. 주방 안을 살펴보니 중국 엄마들을 채용해서 운영해서 그런지 주방장 안이 많이 어지러웠습니다. 나는 내 식당이라 생각하고 야채를 다듬고 시간이 있을 때면 벽에 뿌려진 기름때부터 시작해서 구석구석 깨끗하게 청소부 마냥 시키지도 않은 일을 하나하나 해 나갔습니다.

진정 나를 생각해 주는 사모님이 고마워 시작한 것인데 주방장과 중국 엄마들이 나를 무척 좋아하며 말을 가르쳐 주기도 하고 웃으며 일하기 시작하였습니다. 난생 그런 일을 처음 하다 보니 얼마나 서툴렀는지 본래 덤비는 형태라 매일 손을 베어 밴드 없이는 하루도 일할 수 없을 정도였습니다. 그래도 모두 나를 탓하지 않고 위로해 주고 알려주면서 이해하며 일하니 마음도 편안하고 육체도 점차 익숙해지며 생활의 안정을 찾아가고 있었습니다.

그러나 낮에는 마음 편안히 일에만 집중하니 괜찮았는데 10시에 퇴근해서 호실로 혼자 들어올 때면 알지 못할 그 어떤 외로움이 확 밀려드는 것을 어찌 할 수가 없었습니다. 그러니 나는 아예 저녁에는 기숙사로 돌아오지 않고 곧장 압록강 가로 가서 불빛이 번쩍이는 산책로를 거닐었습니다.

신의주를 바라보며 끝없는 그리움으로 가슴을 불태우며 '언제쯤이면 통일이 되어 내가 태어난 고향으로 돌아갈까? 과연 그 날을 정녕 볼 수 있을까?' 하는 생각으로 눈물을 흘렸습니다. 하염없이 눈물이 흘러내렸지만 씻을 생각도 안하고 끝없이 걷다가 1시가 되면 내일 일을 위해 돌아와 샤워하고 자리에 눕곤 하였습니다. 그러면 하루 일한 피곤에 젖어 금방 잠에 들었습니다.

이런 생활도 몸에 배면서 점차 익숙해 가던 어느 날, 나는 식당 사장님과 사모님이 교회에 열심히 다니는 것을 보았는데 그것이 도저히 이해되지 않았습니다. 이런 정도로 큰 식당을 차리신 분들이 왜 비천한 모습으로 허공을 향해 기도하는지 나는 도무지 알 수가 없었습니다. 그래서 어느 날 점심시간에 조용할 때 "사모님은 교회에 가서 뭘 기도하세요?"라고 물어보게 되었습니다.

그러자 사모님은 "우리나라가 통일 되어 잘 살게 해 달라"고 기도한다는 것이었습니다. 나는 그 말을 듣는 순간 심장이 뭉클해지는 것을 느꼈습니다. 사모님의 그 통일이라고 하시는 말씀이 나의 온 가슴을 흔들어 놓았습니다. 나는 그 순간에 머리가 뺑해지는 것을 느끼며 내 마음속에서 "그러면 기독교가 나쁘지 않네"라는 독백이 흘러나왔습니다.

그때가 점심시간이었고 나는 이 의문을 풀기 위해 나를 처음으로 맞이해 주고 사랑을 주셨던, 내가 마음속으로 어머님처럼 모시리라 마음먹었던 그 사장 어머님을 찾아갔습니다.

그리고 만나서는 "어머님도 기독교를 믿으시나요?"라고 물어보았습니다. 그런데 그 어머님도 믿으신다고 하시면서 앉아 있는 나의 손을 꼭 잡고 기도해 주시는 것이었습니다.

나는 그래도 도무지 안 믿어졌습니다.

30년 동안 주체사상을 확고한 신념으로 믿어 온 내가 생각을 바꾸기에는 내 머리가 너무도 굳어져 있었습니다. 나는 어머님에게 "저에게 성경책을 좀 빌려주세요"라고 말씀드렸습니다. 갑자기 성경책이 읽고 싶어졌기 때문입니다. 북한에서는 성경책이 발견되면 다 회수하고 그 책을 보는 사람들은 모두 붙잡혀 갑니다.

나는 그 성경책이 음란한 내용으로 가득 차 있고 사람들을 건전하지 못하게 하며 사람들의 자주 의식을 마비시키는 아주 나쁜 책이라고 나름대로 생각하고 있었습니다. 그런데 내가 가장 존경하고 따르는 분들이 기독교라니 성경책을 내 눈으로 직접 읽어 보는 것 외에 다른 방법이 없다고 생각했습니다.

그런데 어머님이 내게 "이 성경책을 오늘 너에게 영 준다"고 말씀하시는 것이었습니다. 나는 고맙다고 몇 번이나 인사하고 오후 출근 때문에 바쁘게 오고 퇴근 시간이 오기만을 기다렸습니다.

나는 퇴근 후에 뛰어 들어가 성경을 나의 온 정신을 모아 읽기 시작하였습니다. 과연 이 책이 무엇인가를 그 정체를 낱낱이 알고 싶었습니다. 그런데 이상한 것은 성경책이 다른 책 하고는 완전 다르게 서술되었다는 느낌을 받았다는 것입니다.

더더욱 이상한 것은 나는 원래 내용을 모르면 암송을 전혀 못하는 편인데 성경의 사도신경이 저절로 외워졌다는 것입니다. 내용은 하나도 이해가 안 되는데 그것이 내 가슴속에 금속 활자체로 콱콱 박히며 대뜸 암기가 되는 것이 참으로 이상했습니다.

모든 책은 독자에게 심어 주어야 할 사상적 주제가 명백한데 이 성경책은 역사적 사실을 그대로 적었다는 느낌과 함께 이해하기 힘든 주제도 많았습니다. 그리고 한 가지 중요한 것을 발견하게 되었습니다. 그것은 곧 음란을 부추기는 것도 없고 북한에서 진리라고 내 나름대로 생각했던 문구들이 많았다는 것입니다.

"부모를 공경하라. 간음하지 말라. 살인하지 말라. 서로 사랑하라" 등 너무나도 좋은 문구들이 오히려 나를 감동시키는 것이었습니다. 이 책은 사실 그대로 믿어야 된다는 생각만 들었습니다. 그래서 새벽 3시까지 읽다가 잠자고 아침 일찍 일어나서 사모님께 전화 걸었습니다. 우선 교회를 내 눈으로 확인하고 싶었습니다.

"사모님, 오늘 제가 교회에 너무도 가고 싶은데 가 봐도 되겠습니까? 갔다 오면 출근 시간이 30분 정도 늦어질 것 같습니다"라고 말씀드렸더니 사모님께서 쾌히 승낙하셔서 가게 되었습니다.

식당에 다니면서 가이드 하던 조선족 언니가 한 달 전부터 네게 교회에 가 보자고 그렇게 이야기했건만 나는 귓등으로도 안 들었는데 오늘 사모님에게 승낙 받고 곧장 그 언니에게 전화해서 교회에 간다고 했더니 자기도 남편과 함께 간다고 했습니다.

버스 타고 '교회'라는 곳에 이르니 어느 건물 1층이었는데 20평

정도의 자그마한 공간이었습니다. 드디어 8시부터 예배가 시작되었습니다. 나이 지숙한 목사님을 상상하였는데 그렇지 않고 40대의 젊은 목사님이 설교하고 또 젊은 분이 기타를 타면서 찬양을 인도해 나갔습니다. 찬양을 듣던 도중 갑자기 가사가 파도처럼 내 가슴을 덮으면서 엎드려 울기 시작하였습니다.

얼마나 울었는지 눈물이 한 소랭이(대야)는 족히 되겠다는 생각이 났습니다. 같이 갔던 언니도 많은 사람을 전도했지만 이렇게 첫날에 강하게 은혜 받는 모습은 처음 본다고 했습니다. 그때 찬양이 '나의 등 뒤에서'였습니다. 그 후 그 곡은 나의 주제곡이 되어 삶이 어려울 때마다 부르며 큰 위로와 힘을 얻었습니다. 나는 어느 모임에서나 길에서나 집에서나 이 찬양을 즐겨 불렀습니다.

나는 목사님의 설교를 들으면서 묻고 싶은 것이 너무도 많았습니다. 그래서 예배 끝나고 다른 사람들은 모두 돌아가는 데 나는 나가지 않고 기다렸습니다. 목사님이 한 사람 한 사람 머리 위에 손을 얹고 기도하고 계셨습니다. 나는 다 끝나기를 기다렸다가 드디어 내 차례가 되어 궁금했던 점을 하나씩 물어보았습니다.

"목사님, 오늘 목사님께서 말씀하시기를 우리들의 죄를 속죄하시려고 예수님이 십자가에 매달리셨다고 하셨는데 그것을 증명할 만한 과학적인 증거가 있습니까?"

목사님은 예루살렘에 가면 다 있다고 말씀하셨습니다.

나는 또 물었습니다. "목사님, 그 곳에 가려면 중국 돈 얼마 있어야 합니까?" 목사님은 꽤 많이 든다고 말씀하셨습니다. 속으로 계산 해보니 지금 내가 받는 월급의 10개월 치를 모아야 했습니니다. 반드시 가 보겠다는 결심을 하며 또 목사님께 물었습니다.

"목사님, 어제 성경을 처음으로 보니까 이해 안 되는 것이 많은데요. 우선 제목부터 이해가 안 됩니다. 복음이라는 뜻이 무엇입니까?" 목사님은 복음은 '복된 소리'라는 뜻이라고 말씀하셨는데 그 말이 내게는 실망이었습니다. 나는 제목에 마태복음, 마가복음, 누가복음이라는 것에 대한 이해를 못해 물어본 것이었습니다.

'그쯤은 한자 풀이로 저도 알 수 있어요'라고 속으로 생각하며 인사하고 부랴부랴 식당에 오니 10시 15분이었습니다. 사모님과 직원에게는 미안했지만 그때부터 내 머리에는 성경을 알고 싶은 호기심으로 가득 찼습니다. 그래서 다음 주일에도 교회에 가려고 했지만 식당 일에 지장을 줄 것 같아 못 갔습니다.

단동 식당에서 일하던 중 북한 사리원에서 왔다고 하면서 알바를 하던 21살 조선족 직원이 사우나에서 있으면서 남의 지갑을 훔쳐 지낸 사실이 드러나 경찰에 잡히게 되었습니다.

그는 북한 사람들을 고발하면 죄를 감해 준다는 소릴 듣고 나를 고발하게 되었습니다. 확실한 단서는 없고 그런 것 같다며 어느 날 오후 4시 15분경 한창 일하는데 갑자기 경찰이 들이닥쳤습니다. 식당 책임자를 찾았는데 바로 그날 사장님과 사모님이 조카 결혼식 때문에 2시경에 떠난 상태였습니다.

나는 그날 이상하게 불안을 느끼며 사모님께 말했습니다.

"사모님. 오늘 이상하게 마음이 많이 불안합니다"라고 하니 사모님이 걱정하지 말라고 주방장한테 잘 말해 놓았으니 갔다 올 때까지 일 잘하라고 격려해 주셨습니다. "네" 하며 바래다 드리고 오후에 출근했는데 일이 벌어진 것이었습니다. 그날 식당에 마침 주방장과 가이드가 있었는데 경찰이 주방장에게 여기 주방에 북한 아줌마가 다닌다고 신고 받고 왔다면서 누구냐고 물어 주방장이 한국말로 여기에는 그런 아줌마가 없다고 하면서 가이드 직원에게 빨리 주방에 들어가 나를 대피시키라고 알려주었습니다.

나는 그것도 모르고 야채를 다듬는데 갑자기 중국 직원 엄마가 내 손을 잡고 무작정 뒷문으로 끌다시피 데려갔습니다.

나는 '나를 잡으러 왔구나!' 직감하며 속이 와들와들 떨리는 것을 진정시키며 그 직원 엄마를 따라갔습니다. 그 직원 엄마는 한족이 운영하는 완구 가게에 데리고 가서 나를 맡기며 날 보고 가만히 있으라고 하고 다시 일하러 식당으로 갔습니다.

그때부터 심장이 또 쿵쿵거리고 불안으로 가슴이 죄여 왔습니다. 한 시간 후에 그 직원 엄마가 데리러 오고 나는 그 일로 식당에서 더 일할 수 없게 되었습니다. 만약 당국에 발견되면 그 식당이 문을 닫을 정도의 엄청난 제제가 뒤 따르기 때문입니다.

그날 저녁에는 기숙사에서 자지 못하고 주방장 집에 가서 잤습니다. 이 엄청난 일을 주방장이 사장 어머님에게 알렸고 나는 졸지에 고아 신세에 이르게 되었습니다. 그때 불안했던 심정은 겪어보지 못한 사람은 상상이 안 갈 것입니다. 지금도 그때를 생각하면 떨리고 내 일생 가장 힘든 시기였다고 말할 수 있습니다.

나를 단동에서 안내하던 북한 여자가 앞서 한국행을 하면서 그 블로커에게 내 전화번호를 주었는데 내가 식당에서 일할 때에 매일 한국행을 하라고 전화 오곤 했습니다.

나는 이런 일이 있을 줄 생각도 못했기 때문에 “그 위험한 한국행은 할 생각이 도무지 없다. 또 한국에 가서 살 의사는 하나도 없다. 그러니 제발 내게 전화하지 마라”고 했던 것입니다. 이제는 앞뒤 아무리 생각해도 그 길밖에 없지만 너무도 무서웠습니다.

북한에서 얻어 듣기를 “혹 잡혀도 중국에 있다가 간 사람은 용서가 있지만 한국행을 하다가 잡히면 절대 용서가 없다”고 했기 때문입니다. 내가 너무 무서워하니 사장 어머님은 두 가지 방안을 내놓았습니다. 하나는 단동에서 좀 멀리 떨어진 식품 회사를 운영하는 친구가 있는데 경찰도 모두 막아 줄 수 있다는 것이었고 다른 하나는 개인집에 파출부로 들어가는 것이었습니다.

그런데 내게는 어느 것 하나 제대로 할 수 있는 신분과 체력이 없었습니다. 나는 고민하게 되었고 낮에는 기숙사에 숨어 있다가 저녁이 되면 이따금 어머님을 찾아가곤 했습니다. 어머님 가게에서 함께 일하는 직원들 때문에 함부로 찾아가기도 힘들었습니다.

어머님은 돌아오는 길에 식당에 들러 밥을 사주시면서 자신이 살아온 삶을 이야기하면서 나의 불안한 마음을 가라앉혀 주곤 했습니다. 그때 그 모습은 나를 처음으로 맞이해 준 사랑보다 백배나 더 큰 위대한 사랑이었습니다. 감시가 삼엄한 단동에서 이렇게 나를 도와준다는 것은 생명을 내놓는 희생이었기 때문입니다.

또한 그분이 살아오신 삶 이야기는 나를 많이 감동시켰습니다.

나는 낮에 다니면서도 불안한 마음 떨칠 수 없었습니다. 옆 사람들이 모두 나를 감시하는 것 같았고 저녁에 잘 때에는 더 불안해서 잠이 오지 않았습니다. 식당에서 마음 편하게 일하는 다른 직원들이 한없이 부러웠습니다.

나는 그야말로 남의 발에 걷어 차여도 한 마디 항변할 수 없는 길가의 조약돌과 똑같은 신세라는 것을 다시 한 번 심장으로 피부로 체험했습니다. 밤마다 압록강 산책로를 정처 없이 걸으며 내가 왜 이런 일을 겪어야 하는가를 반문하며 걷고 또 걸었습니다.

한편으로 북한을 탈출한 모든 동포들이 이런 삶을 겪어야 한다고 생각하니 너무도 마음 아팠고 내가 가야 할 길은 햇빛 한 점 안 보이는 암흑처럼 느껴졌습니다. 가정에서 일찍이 아버지 어머니 잃은 고아와 똑같은 내 처지를 보며 사람은 어디에서 태어나느냐가 정말 중요하다는 인생철학도 생겼습니다. 적어도 내가 한국에서 태어났다면 이런 비극은 없었을 거라는 생각이 들었습니다.

단동에서 몇 년은 잘 있을 거라는 내 생각은 순식간에 물거품이 되었고 이제는 오도 가도 못하고 경찰을 피해야 하는 처절한 인생으로 어느 순간에 물거품처럼 인생의 끝을 마감해야 할 것만 같았습니다. 그렇게 숨이 막히고 불안한 나날을 보내면서도 내가 선택한 이 길이 결코 후회되지는 않았습니다. 북한에 있었으면 도저히 알 수 없는 새로운 세계를 맛보아 알았기 때문입니다.

북한에서 굶어 죽은 사람들과 전염병에 걸려 죽는 수많은 사람들을 보아 온 나는 현재 살아 있는 것만 해도 감사하였습니다. 나는 물러설 데가 더는 없는 상황에서 한국행을 결심하였습니다.

그렇게 되기까지 사장 어머님이 많은 용기를 주셨습니다.

내가 대한민국에 들어오고 이내 식당 사장님과 사모님이 1년 뒤에 한국에 뒤따라 들어오셔서 모두 만나 보았고 사장 어머님도

1년 전에 중국 가게를 정리하고 들어오시게 되어 한국에서 모두 만나 뵙게 되니 감격스럽기 그지없었습니다.

사망의 음침한 골짜기로 지날 때 함께 하신 하나님

당신은 하나님의 보호하심을 받고 있습니까?

나는 목숨을 건 모험을 많이 했는데 그때마다 하나님의 보호하심을 받았습니다. 하나님은 내가 사망의 음침한 골짜기를 지날 때 해를 입지 않도록 함께 하시며 지켜 주셨습니다.

내가 어딜 갈지 몰라 헤매고 있을 때 한국 블로커에게서 전화가 왔습니다. 식당에서 일하지 말고 한국행을 하라고 했습니다.

나는 그렇게 하기로 결심했다고 말했습니다.

"언제까지 심양 어디로 오라"고 했는데 나는 알았다고 대답하고 전화를 끊었습니다. 가겠다고 말했지만 너무도 막막했습니다. 심양까지 나가는 것도 무서웠습니다. 버스 타고 오라고 했는데 가는 버스에서 잡힐 것만 같아 도저히 갈 수가 없었습니다.

단동 사모님과도 작별 인사를 나누었고 사장 어머님과도 작별 인사를 나누었건만 도저히 혼자서는 갈 수가 없었습니다.

그런데 문득 사장 어머님에게서 전화가 왔습니다.

빨리 가게로 오라는 것이었습니다. 내가 부랴부랴 찾아가니 어머니는 "하나님이 너를 위해 차를 예비하셨다. 교회 목사님이 그곳에 갈 차비를 주셨고 내가 내일 아침 일찍 잘 아는 택시 운전기사를 부를 테니 7시까지 준비해서 와라"는 것이었습니다.

그리고 필요한 경비와 차비를 챙겨 주셨습니다. 나는 너무도 기겁하여 너무 황송하여 그 돈은 다 받지 못하겠다고 말했습니다.

그런데 어머니는 더 놀라운 말씀을 하셨습니다.

"그러면 안 돼. 이 돈은 모두 하나님이 네게 주시는 거야. 받아"라고 하시면서 강제로 받게 하시는 것이었습니다. 나는 그때만 해도 어머님이 하시는 그 말씀을 이해할 수가 없었습니다.

나는 단동 식당 사모님이 주신 돈과 어머니가 주시는 돈을 모두 합해 만약 한국행을 하다가 잡히는 경우를 대비해 갖고 있었던 것입니다. 그 돈은 모두 내가 번 것이 아니라 나와 관계가 전혀 없는 오직 '동포'라는 이유로 남한 분들에게서 받은 피보다 진한 사랑이 넘치는 두고두고 잊지 못할 추억의 돈이었습니다.

나는 밤새 이때까지의 짐을 트렁크에 넣어 창고처럼 쓰는 옆 칸에 보관하고 먼 길 갈 때 필요한 옷과 세면도구만 챙기고 그 누구에게도 알리지 않고 다음날 아침 7시에 약속 장소에 나갔습니다. 어머님이 잘 아신다는 그 택시 운전기사에게 심양까지 잘 부탁한다고 했습니다. 나에게도 가는 동안에도 전화할 테니 걱정하지 말고 편안히 잘 가고 도착하면 전화하라고 하셨습니다.

나는 눈물을 머금고 부디 안녕히 계시라고 인사하며 기약 없는 한국행을 떠나게 되었습니다. 약속 장소에 도착하니 내가 제일 먼저였고 뒤따라 10명이 도착하였습니다. 그날이 11월 7일이었습니다. 내 인생에서 두 번째로 새로운 인생길이 열린 날입니다.

지금도 이 날은 기쁜 추억으로 간직하고 있습니다.

9일 새벽 2시에 떠나 그야말로 아슬아슬한 고비를 수없이 넘기며 이틀 만에 중국과 라오스 접경 지역에 도착했습니다. 단동하고는 완전히 다른 나라인 남방에 온 것이었습니다.

민족도 풍속도 서로 다른 다 민족이 모여 사는 국가인 중국을 새삼스럽게 체험하는 순간이었습니다. 그곳에서 하루 밤 자고 다음날 밤 라오스 국경을 넘는데 그 길은 너무도 험난한 상상을 초월하는 힘든 길이었습니다. 산을 끝없이 오르고 내리고 그때 눈썹조차 무겁다는 소리가 어떤 것인가를 체험하며 가지고 가던 옷가지와 서류를 도중에 다 버리고 죽을힘을 다해 따라갔습니다.

봉고차로 오불꼬불한 길을 최대 속도로 달렸는데 수십 번 토하며 정말 죽는가 싶었습니다. 진펄에 빠지기도 하고 라오스와 태국을 지키는 국경 경비대와 사냥개에게 추격을 당하면서 겨우겨우 오는데 앞서 오던 일행이 다 잡혔다는 가슴 아픈 소식도 전해 듣게 되었습니다. 간난신고를 겪으며 태국에 도착했습니다.

이제는 안전하다고 하여 안도 숨을 내쉬며 단동 어머님에게 무사히 도착했다고 전화했습니다. 몇 번의 심사와 검문을 통과하며 방콕 수용소에 들어가니 200여명이 대기하고 있었습니다. 거기서 40일 가량 기다려서야 내 차례가 되어 비행기를 타고 하늘을 다 안은 듯한 기쁨으로 대한민국에 도착하게 되었습니다.

대한민국에 처음으로 도착한 곳은 안산에 있는 탈북민 합동 신문 센터(탈북민 수용시설)였습니다. 그곳에서 의복과 생활필수품을 모두 공급받고 건강검진과 교육에 참가했는데 마치 시집갔다가 친정집에 온 기분이었습니다. 동포끼리 소통이 잘되어 좋았고 태국 수용소에서 철창에 갇힌 생활을 했던 우리는 그야말로 이곳의 모든 것이 천국처럼 생각되었습니다.

하나원(북한이탈주민 정착지원사무소)에서 공부하다가 하루 도시 체험 나가는 교육 시스템에 따라 처음으로 대한민국 서울에 나가게 되었는데 나는 경동시장부터 가 보게 해 달라고 했습니다. 도서관에서 책을 보면서 경동시장이 대한민국 약초 도매시장이라는 것을 알았기 때문입니다. 약초 종류의 풍성함과 시장의 크기에 놀랐고 약초 값이 중국에 비해 한국 것이 비싼 것을 보며 속이 얼마나 후련했는지 모릅니다. 예전에 북한의 좋은 약초는 싸게 주고 중국의 약초는 비싸게 가져왔었기 때문입니다.

나는 하나원에서 운전면허 필기시험을 쳐서 합격하고 토요일에는 대한적십자사에서 교육하는 환자간병 전문과정도 수료하고 간병인 자격증도 땄습니다. 대한민국에 나와서 필수적으로 알아야 하는 컴퓨터 기초 교육을 비롯한 법률, 한국사, 남한 문화 등에 대해서도 배웠습니다. 하나원에서는 각자의 소질에 따라 한식 요리, 미싱 등 여러 가지 직업훈련을 해주었습니다. 나는 한식 요리에 대해 배우면서 그 다양성과 조리 방법에 매혹되었습니다.

북한과 너무나도 달랐고 재료가 풍성한 것에 놀랐습니다. 실로 없는 것이 없었습니다. 한경대학교에서 7시간씩 교육받으며 실습하는 것이 즐겁기만 하였습니다. 3주 과정을 하면서 1박 2일의 도시 체험으로 서울 잠실에 있는 불광사에도 가 보게 되었습니다.

그곳에 가서 남한 언니들과 처음으로 식당에도 가고 홈플러스도 구경하면서 인연을 맺은 것이 지금도 형제처럼 지내고 있습니다. 참으로 나에게는 하나원이 남한 정착에 첫걸음을 배워 준 성인학교였습니다. 나는 하나원 3개월을 성과적으로 수료하고 드디어 기다리던 대한민국의 수도인 서울에 내 인생의 첫 발을 내디디게 되었습니다. 대한민국에서 배정해 주는 임대 아파트에 짐을 풀었습니다. 처음엔 새집 증후군으로 고생했지만 지금은 잘 적응하고 있습니다. 하나님, 이 모든 것을 억만 번이나 감사합니다.

지나고 보니 이 모든 것이 하나님의 인도하심이었습니다.

"내가 사망의 음침한 골짜기로 다닐지라도 해를 두려워하지 않을 것은 주께서 나와 함께 하심이라. 주의 지팡이와 막대기가 나를 안위하시나이다."(시 23:4)

나는 대한민국에 와서 성령 춤을 추었다

당신은 성령님을 만나는 체험을 했습니까?

나는 단동에서 처음으로 교회에 갔다가 살아 계신 하나님을 경험했습니다. 그리고 하나원에서 자유의지로 선택한 기독교에 나가면서 새벽기도에 한 번도 빠지지 않고 목사님의 말씀을 들으며 신앙을 배워 나갔습니다. 그런데 아무리 들어도 그 실체는 보이지 않았고 단지 말씀을 전하시는 분들만 한없이 좋게 느껴졌습니다. 그분들에게서 풍기는 인격과 인품이 나를 매료시킨 것입니다.

나는 서울에 나와서 처음으로 강남에 있는 어느 대형 교회에 나가게 되었습니다. 그 교회는 다른 교회들에 비해 교육 시스템

이 훨씬 좋았습니다. 주일 설교가 끝나면 장로님과 권사님, 순장님들의 지도를 받으며 성경 공부를 하였습니다.

나는 성경 공부를 하면서 이해되지 않는 부분에 대해 계속 물어보았습니다. 우선 성령님에 대해 자주 물어보았습니다.

"이 성경은 하나님에 대한 내용인데 하나님은 성부, 성자, 성령의 삼위일체라고 하는데 성부는 하나님 아버지고 성자는 그 외아들 예수 그리스도라고 생각하는데 성령은 도대체 무슨 소리인지 이해를 못하겠습니다. 성령은 누구인가요?"

여러 교역자님들에게 질문했습니다. 그 부분에 대하여 아무리 들어도 이해를 할 수가 없었습니다. 그런 중에 한 분이 내게 하나님의 영이 임하는 체험을 해야만 이해할 수 있다고 했습니다.

나는 여전히 열심히 남한 분들과 어울리며 함께 지내는 것이 좋아서 교회에 잘 다녔습니다. 그분들이 우리들에게 베푸는 따뜻한 인정과 사랑은 교회에 정착하는 원동력이 되었습니다.

주일에 아파서 어쩌다 빠져도 하나님에게 미안한 생각보다 그 분들에게 더 미안한 생각이 앞서곤 하였습니다. 주일마다 한 시간 정도 전철을 타고 왔다 가며 2년을 다니고 있던 어느 날 기도회에 참가하고픈 생각이 감당하지 못할 정도로 끓어올랐습니다.

나는 집 가까운 교회에 다니기 시작했는데 추석을 맞아 교회에서 부흥회를 한다고 했습니다. 나는 못 간다고 했습니다. 통일부에서 새터민들 추석 행사로 2박 3일간 롯데월드와 평화각 관람을 준비했기 때문입니다. 아침에 집에서 나오면서 매일 하던 습관대로 기도했습니다. "하나님 아버지, 나는 오늘 부흥회에 참가하지 못해요. 평화각을 구경하며 3일 동안 지내고 오려고 해요. 나는 대한민국에 금방 나와서 가보고 싶은 데가 너무도 많아요."

나는 대한민국에 와서 빈집에 혼자 있게 되면 너무도 외로워 견딜 수가 없었습니다. 하나원에서 집단 생활하던 것도 몸에 배였었는데 갑자기 바다에 홀로 떨어진 기분이었고 새벽마다 가던 교회도 가지 못하니 어쩔 수 없이 하나님과 독대하곤 하였습니다. 나는 옆에 있는 친구처럼 하나님과 항상 이야기하며 지냈습니다. 집에 들어올 때도 "하나님, 제가 왔어요" 하며 들어왔습니다.

문 안쪽에는 "하나님은 나와 영원히 함께 계신다"라고 종이에 크게 써 붙여 놓았습니다. 그렇게 생활하니 집에 들어가는 것이 크게 외롭지 않았고 평화가 항상 내 마음을 지배했습니다.

그래도 그때까지는 하나님의 음성을 듣는다는 것은 상상도 못 하였습니다. 약속 장소인 서울역에 모여 버스로 잠실에 있는 롯데월드 유희장으로 들어가려는 순간 갑자기 속이 메슥메슥하면서 토하고 싶었고 배도 살살 아프고 머리도 어지러웠습니다. 하지만 병원으로 가야 하는 극심한 정도는 아니었기 때문에 할 수 없이 책임자한테 나 혼자 집으로 돌아가겠다고 말했습니다.

나는 전철로 돌아오면서 여전히 몸이 괴로운 것을 느끼며 너무도 아쉬웠습니다. 몸이 따라서지 못하는 것을 한탄하며 빈 집에는 더욱 가기가 싫어져 곧장 부흥회를 하는 교회로 향했습니다.

그런데 부흥회를 하고 있는 교회의 예배당 앞에 가는 순간 몸이 아프던 것이 다 없어지고 내 마음이 너무도 평안함을 느꼈습니다. 그곳에서 온몸이 뜨거워지는 것을 느끼며 기쁨과 행복이 넘쳐 나는 기분을 체험하였습니다. 너무도 신기하였습니다.

보통은 맛있는 거 먹고 관광지를 보고 유희를 해야만 웃음과 즐거움이 있는데 그런 거 하나 없이 하나님의 말씀만 전하는 예배 장소에서 말할 수 없는 기쁨과 행복을 느끼게 되는 것이 너무도 신기했습니다. 혼자 돌아올 때의 슬픔은 온데 간데 찾아 볼 수 없었고 이보다 더 기쁜 것이 어디 있을까 하며 환희가 넘쳤습니다.

난생 처음으로 성령을 체험하는 은혜의 순간이었습니다. 그때의 일은 영원히 잊히지 않을 것 같습니다. 2년 동안의 궁금증을 한방에 날려 보내는 뜨거운 성령을 체험했습니다.

그러다가 다음해 8월 12일부터 14일까지 실촌수양관에서 열린 부흥회에 참석했는데 주제는 "성령을 받으라"였습니다. 나는 하나님을 더욱 알고 싶어 열정을 다해 참석했습니다. 성령의 능력을 부어 달라고 간절히 부르짖으며 기도하는데 목사님이 나의 머리에 안수하는 순간에 성령이 강하게 임했습니다.

그 다음날 8월 15일 교회 새벽 기도회에 갔는데 그날부터 기도하는 도중에 성령님이 나의 몸을 공중으로 띄우며 그대로 옆으로 옮겨 놓았는데 2일째는 무릎이 다 벗겨질 정도였습니다. "교회가 생기고 이렇게 성령이 강하게 역사하는 걸 보기는 처음이다"라고 하였습니다. 나는 더더욱 처음 겪는 일이라 영문을 도저히 알 수 없었지만 나 혼자가 아니라 세 명의 집사님들이 동시에 성령의 불이 붙어 기도하러 가도 함께 갔습니다. 성령님이 내 손과 발을 격동적으로 움직이는데 십자가를 형상하기도 하고 혹 사랑의 하트를 형상하기도 하면서 나를 말씀으로 인도하시는 것이었습니다.

그때는 새벽기도를 하면 어떤 날은 오전 10시가 지날 때도 있었습니다. 춤추는데 그것이 너무도 완벽한 동작이었습니다. 왼편 동작과 오른편 동작은 조금의 차이도 없이 정확한데다 두세 시간 춤을 추어도 하나도 힘들지 않는다는 것이 너무 신기했습니다.

나의 의지가 하나도 없으니 성령의 힘으로 하니 서너 시간 해도 하나도 힘들지 않고 오히려 새 힘이 더 넘치는 체험을 하게 되었습니다. 그때 처음으로 나에게 주신 말씀이 요한복음 13장 34~35절인데 "새 계명을 너희에게 주노니 서로 사랑하라. 내가 너희를 사랑한 것같이 너희도 서로 사랑하라. 너희가 서로 사랑하면 이로써 모든 사람이 너희가 내 제자인 줄 알리라"였습니다.

그때 한 집사님과 사소한 문제로 다투어 오해가 깊어졌고 서로가 외면하며 말을 하지 않고 있던 상태였습니다. 한마디로 미움의 마귀가 내 마음에 역사하고 있었던 것입니다. 그런데 춤으로 강력하게 역사하시는 성령님께서는 오늘 그분과의 오해를 풀라고 하셨습니다. 혼자서는 도저히 불가능하여 전도사님께 이야기했더니 식당에서 그분과 함께 자리를 갖도록 도와주셨습니다.

어색한 분위기 가운데 내가 용기 내어 먼저 손을 내밀며 우리 서로 오해를 풀자고 했습니다. 그리하여 서로 마음이 풀려 다시 본래로 회복되어 주일마다 옆자리에서 함께 예배드리며 교회에 잘 다니게 되었습니다. 며칠 있어 두 번째로 주신 말씀은 마가복음 12장 30절인데 "네 마음을 다하고 목숨을 다하고 뜻을 다하고 힘을 다하여 주 너의 하나님을 사랑하라"였습니다. 나는 이 말씀을 묵상하면서 주님 뜻대로 살도록 인도해 달라고 기도했습니다.

나는 새벽 예배, 수요 예배, 금요 철야 예배에 참석했습니다.

하지만 기도 시간이 되면 앉은 자리에서 도저히 가만있을 수 없었습니다. 성령님이 내 손과 온몸을 너무도 강하게 흔들었기 때문입니다. 앞으로 나가 기도하면 눈물이 한없이 흘러내렸습니다. 끝없는 감동이 내 가슴에 일어났습니다. 전에는 내가 죄라고 생각하지 않았던 것까지 모두 토해 내며 회개했습니다.

나는 교회에 다니면서도 주일 예배드리면 할 일 다 한 것처럼 다음 주일까지는 성경을 보고픈 생각이 하나도 없었습니다. 성경 공부하면서 내주는 답안지를 쓰기 위해 성경을 펼쳤을 뿐 하나님의 말씀을 사모하는 마음은 하나도 없었습니다. 주일 예배 잘 드리고 내 앞에 맡겨진 봉사나 잘하면 완벽한 거라고 생각했습니다.

그런데 성령을 체험하고 보니 그제야 성경에 있는 살아 계신 하나님을 더욱 간절히 알고 싶어졌고 성경을 보고 싶은 마음이 가슴에서 강물처럼 흘러나온다는 것을 느꼈습니다.

또한 성령이 임해서 춤을 추기 시작하니 한의원 치료를 해야 견디던 내 몸이 치유되기 시작했습니다. 더는 한의원을 다니지 않아도 될 정도로 내 몸이 쾌유되었습니다.

그러기에 이런 일을 처음 겪는 성도들이 나를 보고 별의별 소리를 해도 개의치 않았고 춤을 출 때도 주님하고만 독대하며 추곤 했습니다. 춤을 추면서도 주님의 선하시고 온전하시고 기뻐하시는 뜻이 무엇인지 깨닫게 해 달라고 기도하며 추었습니다.

나는 감사해서 하나님께 100번 절했다

당신은 살아 계신 하나님께 100번 절한 적이 있습니까?

나는 이때까지 "하나님은 살아 계신다"며 확고한 신념을 간직하고 있었지만 음성은 한 번도 듣지 못했습니다. 하지만 나를 북한에서 인도하여 여기 남한으로 온 과정이 평범하지 않았기에 하나님의 간섭하심과 도우심이라는 것은 알고 있었습니다. 누가 떠밀어 주는 힘이 없으면 도저히 그렇게 될 수 없는 상황을 수십 번 경험하면서 분명 하나님은 살아 계셔서 역사하시는 분이라고 믿었을 뿐 더 이상은 알 수 없었습니다.

그런데 성령 춤을 추면서 몸이 쾌유되고 마음이 너무나 기쁘고 평안을 느끼면서 주님께 억만 번이나 감사했습니다. 그래서 새벽기도 할 때 춤을 추면서 "하나님, 저는 정말 너무 감사해서 하나님께 100번 절하고 싶습니다"라며 내 마음을 말씀드렸습니다.

그때 정말 놀라운 일이 벌어졌습니다. 나를 선 자리에서 열 번 절하게 하고 오른편으로 한 발 옮겨서 열 번 절하게 하고 또 오른편으로 한 발 옮겨서 열 번 절하게 하고 이런 방법으로 정말로 100번을 절하게 하시는 것이었습니다. 나는 크게 놀랐습니다.

'그러면 내가 이때까지 해온 모든 기도도 하나님이 다 들으셨다는 말이 아닌가?' 하며 감격을 금할 수 없었습니다. 그러면서 나를 여러모로 지켜 주시고 인도해 주신 지나 일들을 상기하게 되었습니다. 나도 남들처럼 속임 당할 위험에도 처했고 길을 몰라 방황의 갈림길에도 있었지만 하나님께서 항상 나의 등 뒤에서 나를 도와주시고 새 힘을 주시고 지켜 주셨습니다. 나는 그분께 한없는 감사와 사랑의 마음으로 경배의 춤을 추고 또 추었습니다.

오늘의 이 감격이 있기까지 힘들었던 일들이 정말 많았습니다.

어느 날 공부하다가 저녁쯤에 이르러 갑자기 외로움이 몰려왔는데 너무 괴로웠습니다. 마음을 다 잡기 힘들어 마을을 한 바퀴 돌아도 안 되어 길에 나서서 번잡한 거리를 무작정 걸었는데 이러면 안 되겠다고 생각하며 CD 파는 매점에 들러 여기에서 제일 흥이 나는 곡으로 두 개만 골라 달라고 했습니다. 한 개에 만 원씩 2만 원 주고 사서 집으로 돌아와서는 컴퓨터에 넣고 녹음과 증폭기를 크게 틀어 놓고 기분 전환을 하려고 해도 안 되었습니다.

다시 거리를 배회하던 중 꽃집에 들러 처음 보는 빨갛고 큰 꽃화분을 보니 한결 마음이 나아졌습니다. 후에 알고 보니 그 꽃은 크리스마스 축하하는 꽃인 '포인세티아'였습니다. 그 꽃을 가지고 와서 가만히 바라보니 마음에 평안을 찾을 수 있었습니다.

이제 성령님은 나의 모든 것을 인도하시고 부족한 것은 채워 주시는 참 목자가 되십니다. 내가 길이 아닌 길을 가며 시간을 낭비 하고 세상을 방황할 때는 올바른 길로 인도해 주셨고 또 살면서 있어야 할 필수품은 가까운 사람들을 통해 채워 주셨습니다.

나의 발걸음을 인도하시는 분은 성령님이시다

당신은 성령님의 인도하심을 받고 있습니까?

내가 약사를 하고 싶은 마음으로 방황할 때 살아 계신 성령님은 나를 붙잡고 건져내셨습니다. 아무것도 알지 못하고 대한민국에 첫 발을 내디뎌 새집 증후군을 겪으며 죽음의 경지에까지 이르렀을 때에도 나를 살려주신 분은 오직 성령님이셨습니다.

"사람이 마음으로 자기의 길을 계획할지라도 그의 걸음을 인도하시는 이는 여호와시니라."(잠 16:9)

나는 대한민국에서도 북한에서 근무했던 약사의 길을 다시 갈 수 있다는 것은 꿈에도 생각지 못했습니다. 그리하여 하나원에서부터 '어떻게 하면 정착을 잘할 수 있을까?' 하고 고민하면서 교육에 열심히 참가했고 나머지 시간에는 도서관에서 책을 보며 나름대로 해결책을 찾으려고 했습니다. 그러면서 우연히 〈2011년도 탈북민들의 성공정착실례〉라는 책을 보게 되었습니다.

그 책을 보면서 한의원을 운영하는 탈북민들이 있다는 것을 알게 되었고 그분들을 찾아가면 좋은 조언을 들을 수 있겠다고 생각했습니다. 한편으로는 그런데서 청소부라도 했으면 좋겠다는 생각도 했습니다. 그래서 언젠가는 찾아가 보리라 주소를 메모했습니다. 나는 그분들이 한없이 부러웠습니다.

그분들은 모두 30대에 오신 분이니 공부해서 지금의 직업이 가능했을 거라고 생각했고 하나원에서도 35세까지 공부하는 사람들에게 혜택이 있다고 가르치니 40대 이상인 나는 애당초 생각조차 가질 수가 없었습니다. 그래서 하나센터 교육을 마치면 바로 다음날부터 일하려고 집 가까이에 있는 가게 사장님과 면접을 했는데 하나센터 교육을 마치고 끝난 날 저녁에 집에 들어가니 갑자기 아랫배가 아파서 견디지 못할 정도가 되었습니다. 가게 사장님에게 갑자기 몸이 아파서 못 나간다고 연락하고 나니 하나원에서 메모했던 그 한의원에 가고 싶어졌습니다.

다음날 아픈 것을 참으며 한의원에 가서 치료와 상담을 받았는데 그 원장님께서 나에게 공부해서 자격증을 취득하면 한국에서도 가게를 차릴 수 있다고 하시면서 자신도 그렇게 했다고 하셨습니다. 나는 너무도 뜻밖의 소리라 믿어지지 않았습니다. 내가 공부할 수 있다는 말만 들어도 가슴이 설렜고 더 물어보려고 하는데 환자가 많이 대기하고 있어서 상담을 끝내야 했습니다.

나는 인사하고 집으로 오면서 과연 그런 날이 올까 하며 기대에 부풀었습니다. 한편으로는 '내 나이에 무슨 공부야?' 하는 자괴감에 빠지기도 했습니다. 지금은 생계를 유지하는데 온 신경을 써야 할 처지인데 공부까지 한다는 것은 불가능해 보였습니다.

그러나 원장님의 그 말씀은 몸이 아프고 앞길이 하나도 안 보이는 막막한 현실에서 내게 희망을 안겨 주었고 언젠가는 나도 그렇게 될 날이 오리라는 확신으로 가득 차게 되었습니다.

어느 날 동네에 있는 한의원에서 치료받고 약국에 들러 약을 사면서 궁금한 것을 물어보는데 그 사장님이 나의 말투를 보고 조선족이냐고 물어보시는 것이었습니다. 나는 북한 사람이라고 나도 북한에서 약사를 했다고 말하자 그분이 그러면 꼭 자격증을 취득하여 이렇게 약국을 차리면 된다고 하시는 것이었습니다.

그 사장님이 자신도 해방 후에 북한에서 내려온 사람이라고 하면서 나를 보고 경희대에 가서 공부하고 자격증 시험을 치면 된다고 하며 가는 길도 구체적으로 알려 주셨습니다. 나는 다음 날 사람들에게 물어 경희대를 찾아가 행정실로 갔습니다.

어떻게 왔느냐는 물음에 나는 자세하게 설명했습니다.

"저는 북한에서 약사를 하다 왔습니다. 그 경력을 살려 시험을 볼 수 있다고 어떤 분이 가보라고 해서 무작정 왔습니다."

좀 기다려 보라고 하여 기다리니 교수님이 오셨습니다. 그 교수님은 내가 북한에서 한약전문대학을 졸업했다는 말을 듣고는 우선 내게 한약에 대해 물어보셨습니다. 내가 아는 대로 대답하자 그 교수님은 북한에서도 공부를 잘 했다고 칭찬해 주셨습니다.

나는 너무도 고마웠고 교수님에게 "교수님, 정말 제가 공부할 수 있으며 자격을 취득할 수 있는지 궁금합니다"라고 말씀드렸습니다. 그 교수님은 얼마든지 가능하다며 전화로 졸업위원장을 불러 나를 소개시키고 잘 돌봐 주라고 당부하셨습니다. 그러면서 내가 어떻게 공부하며 준비해야 하는가를 구체적으로 가르쳐주시는데 나는 꿈을 꾸는 것만 같았습니다. 너무도 감동이었습니다.

그날 돌아오는 나의 발걸음은 날아갈 듯 가벼웠습니다.

나는 다음날부터 약사 공부를 하기 시작했습니다. 북한과 달리 남한에서는 약사가 양약사와 한약사로 구분되어 자격증시험을 치른다는 것을 알고 나는 양약을 선택하여 공부했습니다. 왜냐하면 탈북민 한의원 원장님들과 경동시장의 가게 사장님들을 비롯해서 많은 분들이 내게 그 길이 더 낫다고 권했기 때문입니다.

약사 시험을 치는 국시실에서 공부하며 시험 준비를 하는데 책에서 이해가 안 되는 부분이 많았습니다. 너무 힘들어 약물학 강의에 한 번 참석해 보았는데 교수님이 처음부터 끝까지 모두 영어로 가르치는 바람에 나는 한마디도 알아들을 수가 없었습니다.

그래도 나는 무조건 공부해야 한다는 마음으로 학교에 가서 저녁까지 공부했습니다. 그러던 7월 어느 날 약사들의 심의가 있으니 참가하라는 통지서가 와서 국가시험원에 가게 되었습니다. 그곳에 가니 북한에서 전문양약대학을 나온 사람 2명이 왔습니다. 그들은 모두 약사의 길을 포기하고 다른 진로를 선택했습니다.

그때 양약전문대학을 나오지도 않았는데 양약을 공부하고 있는 나 자신을 돌아보면서 순간 현기증이 났습니다. 그때 나는 극심하게 몸과 마음이 힘든 상태였고 '붕루'(崩漏, 월경 기간이 아닌 때에 갑자기 많은 양의 피가 멎지 않고 계속 나오는 병)로 고생하고 있었습니다. 먼저 한 사람이 심의하러 들어가고 기다리는데 더는 서 있기조차 힘들어 나는 담당자에게 말하고 집으로 돌아왔습니다.

그때 어찌나 정신이 없었던지 건널목에서도 표시판을 보지 않고 막 건너려다가 큰일 날 뻔했습니다. 산부인과에 찾아가서 약을 타 먹어도 멎지 않았고 4일째 되는 날, 그날도 경희대에 가서 공부하는데 더는 안 되겠다고 여겨 한약재를 사러 경동시장으로 가는데 버스 안에서 귀한 사람을 한 명 만나게 되었습니다.

버스에 탄 아줌마가 대뜸 내게 어디까지 가느냐고 묻기에 경동시장에 한약 사러 간다고 하니 그분이 "내가 경동시장에 10년째 다니는데 단골 사장님이 있으니 거기에 함께 가자"고 했습니다.

그것이 인연이 되어 나는 원하는 한약을 살 수 있었습니다.

한약을 먹고 2일 만에 출혈이 멎으면서 몸도 점차 회복되어 갔습니다. 나는 목적을 달성하기 위해 일하면서도 포기하지 않고 끈질기게 공부했습니다. 그러던 어느 날 전철로 학교에 가는 길에 역을 하나 지나면서 문득 핸드폰을 찾으니 없었습니다.

나는 가슴이 철렁하여 나도 모르게 "아버지"라고 주님을 불렀습니다. 그 순간 주님의 음성이 내 가슴에 울려 왔습니다.

"그 길은 너의 길이 아니다."

순간 전철 타기 전에 들린 화장실에서 분명히 보았던 핸드폰이 생각나며 그 핸드폰을 주님이 지켜 주실 거라는 믿음이 생겨 잊어버릴까 불안했던 마음이 편해지는 것을 느꼈습니다. 화장실에 가보니 사람들이 많이 다니는 곳인데도 거울 앞에 그대로 놓여 있는 것을 보고 기뻤습니다. 나는 주님께 감사드리며 경희대 가는 걸음을 돌이켜 집으로 와서 그날부터 양약이 아닌 한약사 공부에 몰두하기 시작했습니다. 지금도 그때를 생각해보면 놀랍습니다.

하나님의 인도가 없었더라면 길 아닌 길을 가면서 몸과 마음이 지쳐 일어나지 못했을 거라는 생각을 하며 살아 계셔서 나의 모든 것을 인도해 주시고 지켜 주시고 책임져 주시는 전능하신 하나님께 영원히 감사한 마음 이를 데 없습니다. 지금은 한 걸음 옮겨도 성령님께 물어보고 모든 것을 그분께 의지하고 살아가니 삶이 날마다 감사가 넘치고 기쁨이 넘치는 삶으로 바뀌어졌습니다.

공부가 힘들어 우울증에 이어 탈모와 아토피까지 생기면서 많이 힘들었지만 고난이 축복이라는 말이 있습니다. 이 고난 가운데 하나님 아버지를 만날 수 있었고 아무것도 할 수 없는 연약한 나를 일으켜 주신 성령님의 인도하심으로 지금은 행복 속에 하루

하루 기쁨으로 지내고 있습니다.

내 안에 하나님의 지혜가 가득합니다. 현재 나는 한약재로 천연 발모제와 아토피 약, 피부병 약 등 세 가지 샘플을 만들어 놓고 전문가들의 협력과 조언을 기다리고 있습니다. 나는 이 세상의 창조주이시며 지혜와 권능의 신이신 성령님이 함께 하시기에 천재적인 지혜로 모든 것이 가능하다고 확고히 믿고 있습니다.

성령님의 음성이 들리면 메모하고 실천하라

당신은 성령님의 세미한 음성을 소중하게 여깁니까?

많은 사람들이 성령님의 음성 듣기를 간절히 원하지만 막상 그 음성이 들리면 순간 듣고 잊어버립니다. 성령님의 음성을 정확히 듣고 메모지에 적고 그것을 실천해야 합니다. 성령님의 음성은 대통령의 말보다 더 소중합니다. 왕의 말도 놓치면 안 되거늘 만왕의 왕이신 성령님의 음성을 놓치면 되겠습니까?

그분의 음성이 들리면 즉시 메모지에 적으십시오.

나는 하나라도 그 음성을 놓칠세라 적어 가며 온전히 순종하려고 노력했습니다. 그것이 얼마나 복된 것인지 알기 때문입니다.

나는 성령님과 함께 살면서도 항상 인간의 사랑에 목말라 있었던 것 같습니다. 길을 걸으면서 아버지 어머니가 생전에 나를 사랑해 주시던 것을 추억하면서 한없이 그리워하곤 했습니다. 그런데 갑자기 그 문제에 대한 성령님의 음성이 들려왔습니다.

"아버지 어머니보다 내가 너를 더 사랑하였단다. 나는 너를 위해 십자가에 매달려 피 흘리기까지 하였단다."

성령님의 음성이 똑똑히 들려왔습니다,

나는 너무도 놀라 혹시나 사람이 아닌가 싶어 주위를 돌아보았지만 아무도 보이지 않았습니다. 나는 그제야 내가 성령을 받고 간직했던 첫 사랑을 잊어 버렸구나 하며 회개했습니다. "그러나 너를 책망할 것이 있나니 너의 처음 사랑을 버렸느니라."(계 2:4)

당신도 처음 사랑을 회복하기 바랍니다.

천재적인 지혜를 받은 김열방 목사님을 만나다

당신은 성령님과 함께 책을 쓴 적이 있습니까?

내가 이 책을 쓰기 시작한 것은 성령님께서 어느 날 김열방 목사님이 쓰신 〈성령님과 실제적인 교제법〉이라는 책을 읽게 하신 것 때문이었습니다. 그 책을 읽는 순간 왜 그 책을 읽게 하셨는지 그 인도하심에 감사드리며 나와 너무도 비슷한 성령 체험을 하신 목사님이 이렇게 책을 내셨구나 하며 많은 깨달음을 얻었습니다.

성령님에 대해 많은 의문을 가지던 우리 교회 성도들도 그 책을 보며 나를 이해한다고 했습니다. 그동안 성령의 역사가 예배 때마다 강하게 나타나 별의별 일이 다 있었지만 잠깐이었는데 이렇게 강하게 지속적으로 나타나는 경우는 처음이라고 했습니다.

나는 성령을 체험하고 말씀을 사모한 지 4년이 되었는데 점점 소멸되기는커녕 날이 갈수록 점점 더 강해지고 있습니다. 십자가를 아는 것이 더욱 깊어지고 하나님의 사랑 안에 더 깊이 거하는 체험을 하게 되었습니다. 그리고 율법의 멍에에서 벗어났습니다.

2년 전 성령님은 내게 '성령에 대하여 책을 쓰라'는 명확한 음성을 주셨습니다. 그동안 성령 춤을 너무도 오래 추고 혼자서 두세 시간씩 추는 것이 내 힘이 아닌 성령의 역사하심을 알면서 이 실체가 무엇인지 궁금하여 광화문에 있는 기독교 서점에 가서 성령에 대한 책을 다 보아도 성령 춤에 대한 책은 없었습니다.

나는 춤을 추면서 많은 것을 느꼈습니다. 무엇보다 그 순간만큼 기쁨과 희락이 넘치는 순간이 없을 정도였습니다. 실제로 아프던 몸이 성령 춤으로 치유가 되기도 했으니 이런 큰 축복이 어디에 있겠습니까? 나는 하나님의 이 은혜를 모든 사람들과 나누기 위해 책을 쓰고 싶었지만 내 힘으로는 엄두도 못 냈습니다.

그런데 김열방 목사님의 〈성령님과 실제적인 교제법〉 책을 보니 성령님에 대해 너무도 잘 가르치고 있어 나도 큰 감동을 받았고 다른 사람들에게도 적극 추천하게 되었습니다. 그 책을 다 읽었을 때 그 책 뒤에 소개하고 있는 다른 책이 궁금해졌습니다.

무엇보다도 〈내 인생을 바꾼 억만장자 마인드〉라는 책이 나를 사로잡았습니다. 내가 너무나도 하고 싶은 많은 꿈과 소원들이 있었지만 돈 때문에 못했던 나의 안타까운 심정 때문이었는지도 모릅니다. 그리하여 성령님께 그대로 이야기하였더니 성령님은 나에게 다르게 지시하셨습니다. 네 권의 책 중에 하나인 〈김열방의 두뇌개발비법〉을 먼저 사서 보라는 것이었습니다.

나는 사실 그 책을 살 형편이 안 되어 다음에 사려고 했는데 성령님께서는 지금 당장 전화를 걸어 사라고 하셨습니다. 순간 나는 예배 때 지혜를 달라고 헌금하며 기도했던 것이 생각났습니다.

'하나님이 내 기도에 응답하시는 거구나.'

나는 순종하여 책에 적혀 있는 전화번호로 전화했습니다.

우선 이런 훌륭한 책을 쓰신 목사님을 한 번 만나보고 싶어 상담을 요청하였고 그 다음에는 도서를 사겠다고 부탁했습니다.

사무장이 우선 책부터 사서 읽는 게 좋겠다고 권했습니다.

나는 성령님께 "어떻게 할까요?" 하고 여쭈어 물어보았는데 성령님께서 내게 믿음으로 그 책을 사라고 하셨습니다. 나는 순종했습니다. 드디어 그렇게도 궁금한 책 〈김열방의 두뇌개발비법〉을 3일 만에 택배로 받게 되었습니다. 나는 경비실에서 가져와 그 책을 읽기 시작했습니다. 책을 읽는데 천재적인 기름 부음이 나타나기 시작했습니다. 그 현상이 얼마나 큰지 나는 집에서 소리 내어 읽으면서 "아멘"이라고 소리치며 계속 읽어 나갔습니다.

그날 성령님께서 신명기 28장 1절 말씀을 내게 주시기에 나는 A4용지에 사인펜으로 크게 써서 벽에 붙여 놓았습니다.

다음날 기도하는데 성령님께서 광화문에 있는 기독교 서점에 가라고 하셨습니다. 나는 '내가 읽어야 할 책이 있나?' 생각하며 서점에 갔습니다. 나는 하나하나 도서를 살피며 '성령님, 이것을 읽을까요?'라고 묻고 책을 읽었습니다. 의자에 앉아서 좀 읽다가 이제는 가야겠다고 생각하며 '성령님, 이제는 제가 가도 되나요?'라며 기도하는데 '아니다. 살 것이 있다'고 하셨습니다. 그러면서 어제 김열방 목사님의 도서 〈김열방의 두뇌개발비법〉을 읽으면서 받은 약속의 말씀 신명기 28장 1절을 액자로 주문하라고 하셨습니다. 나는 크게 감격하며 기뻐했습니다. 살아 계셔서 역사하시는 성령님의 임재를 뜨겁게 느끼는 환희로운 순간이었습니다.

3일 후에 성령님께서 김열방 목사님을 찾아가라고 하셨습니다.

나는 순종하여 그날 오후 스케줄이 끝나는 대로 잠실로 가면서 목사님을 뵙고 싶다고 사무장에게 전화했습니다. 그런데 사무장은 "김열방 목사님은 워낙 바쁘셔서 상담 예약 없이는 만나기 힘들다"고 했습니다. 나는 성령님의 인도를 확고히 믿었으므로 그래도 한 번 목사님께 말씀드려 달라고 부탁했습니다. 이내 연락이 왔는데 목사님이 시간 내어 만나겠다고 했다는 것이었습니다. 할렐루야 하며 나는 기쁜 마음으로 목사님을 만나 상담 받았습니다.

목사님은 내게 안수하시며 예언까지 해주셨습니다.

"내 사랑하는 딸아, 내가 너를 크게 쓰리라. 너는 전국과 세계를 다니며 복음을 전파하게 될 것이다. 내가 너를 기뻐하노라."

김열방 목사님은 내게 예전에 들은 성령님의 음성에 순종하여 책을 쓰라고 하셨습니다. 목사님을 만나서 2시간 정도 상담을 받았는데 성령님께서도 다시 내게 책을 쓰라는 감동을 주셨습니다.

그래서 나는 그 다음날부터 시간 나는 대로 성령님께 기도드리며 이렇게 책을 쓸 수 있었습니다. 나로서는 한 줄, 페이지도 책을 쓸 수 없다는 것을 누구보다도 잘 알기에 내게 천재적인 기름부음과 책을 쓸 수 있는 능력을 주신 하나님께 감사드립니다.

나의 성령님, 사랑합니다.

내 인생을 바꾼 성령님

초판 1쇄 인쇄 | 2017년 7월 20일
초판 1쇄 발행 | 2017년 7월 30일

지은이 | 김열방 김사라 정연주 서문규 이지혜

발행인 | 김사라
발행처 | 날개미디어
등록일 | 2005년 6월 9일, 제2005-44호
주소 | 서울특별시 송파구 백제고분로9길 6, A동 3층
전화 | 02)416-7869
메일 | wgec21@daum.net

폰트는 '윤소호 2012 통합본'을 사용했습니다.

이 도서의 국립중앙도서관 출판예정도서목록(CIP)은
서지정보유통지원시스템 홈페이지(http://seoji.nl.go.kr)와
국가자료공동목록시스템(http://www.nl.go.kr/kolisnet)에서
이용하실 수 있습니다. (CIP제어번호 : CIP2017017551)

ISBN : 978-89-91752-67-2 03230

책값 20,000원